哲学思想录

PHILOSOPHICAL THOUGHTS

【法
—— 著
书琴 —— 译

江西美术出版社
JIANGXI FINE ARTS PUBLISHING HOUSE

图书在版编目（CIP）数据

哲学思想录 / (法) 狄德罗著 ; 书琴译 . -- 南昌 : 江西美术出版社 , 2019.3
ISBN 978-7-5480-6642-2

Ⅰ . ①哲… Ⅱ . ①狄… ②书… Ⅲ . ①狄德罗 (Diderot, Denis 1713-1784) —哲学思想 Ⅳ . ① B565.28

中国版本图书馆 CIP 数据核字（2019）第 016075 号

出 品 人：周建森
企　　划：北京江美长风文化传播有限公司
策　　划：北京兴盛乐书刊发行有限责任公司
责任编辑：楚天顺　康紫苏
编辑助理：李小勇
版式设计：阎万霞
责任印制：谭　勋

哲学思想录

作　　者：（法）狄德罗　　译　　者：书　琴

出　　版：江西美术出版社
社　　址：南昌市子安路 66 号江美大厦
网　　址：http：//www.jxfinearts.com
电子信箱：jxms@jxfinearts.com
电　　话：010-82293750　　0791-86566124
邮　　编：330025
经　　销：全国新华书店
印　　刷：廊坊市华北石油华星印务有限公司
版　　次：2019 年 3 月第 1 版
印　　次：2019 年 3 月第 1 次印刷
开　　本：880mm × 1280mm　1/32
印　　张：9
I S B N：978-7-5480-6642-2
定　　价：45.00 元

前言

当我们谈哲学时我们在谈什么？

哲学著作对于大多数人来说总是显得太高深，这种先入为主的想法让人们不爱去研究引导人类文明至今的这门学问。事实上，越是与人类文明接近的学问越是通俗易懂的，只是偶尔略显枯燥，因为越近于真理的东西越不需要华丽的形容词。就像宇宙是美丽的，而研究宇宙秩序的物理学是枯燥的。所以让人觉得枯燥，是引领者没有让跟随者真正感受到其中的乐趣。

对于世界事物本源的探索是人所以生而为人的原因，孟子说“人之初，性本善”，老子说“道可道，非常道”，而狄德罗会从哪些方面给我们一些启示呢？作为百科全书派哲学家的代表，他对从自然到人文到社会各个方面引起人们困惑的哲学问题都有自己独到的见解。

王小波在《知识分子的不幸》中说：我对墨子的崇拜有两大原因：其一，他思路缜密，有人说他发现了小孔成像——假如是真的，那就是发现了光的直线传播，比朱子只知阴阳二气强了一百多倍——只可惜没有完备的实验记录来证明。另外，他用微积分里较老的一种方法来论证无穷，在这方面，把孔孟程朱捆在一起都不是他的个儿。

王小波的这段话可以很好地解释哲学到底是研究什么的一门学问，同时很好地解释为什么狄德罗在世界哲学史上影响如此之大。如果他只研究自然哲学，那他不会有如此多的受众，他的博学让他在谈论上帝时带了一种轻松而澄明的气质，虽能引起人的会心一笑，但不会让真正的信仰者产生不敬；同时，因为对自然科学的深厚造诣，他给出的一些自然科学的研究方法可行且十分可靠；他不仅是一个伟大的哲学家，更是一个伟大的作家，他用非凡的文采将他的哲学思想展示了出来。

伟大的思想者就是将看似深奥的问题给出浅显易懂的答案，从而让读者产生阅读与思考的兴趣，这也是为什么他被称为启蒙思想家的原因，正如他在文中所说，那些与伟大的思想家同时代的人是幸福的，拥有伟大思想家的国家是幸运的。可我们还可以更加扩展开来，因为有这些伟大的思想家，人类才是幸运的，只要拥有一个思考的大脑，就没有什么可以奴役我们的灵魂。

目录

哲学思想录

谁是阅读者?

——珀尔修讽刺诗第一首第二行

我写上帝，我不打算有众多读者，但渴望有少数人赞成。如果这些“思想”没有一个人喜欢，它们肯定是坏的，可是如果它们受到了所有的人喜欢，那它们就是讨厌的了。

一

人们总是不停地抱怨情感，认为自己的所有痛苦都来源于情感，而忘记了情感也是他一切快乐的源泉。其实，情感就其本身来说，于我们既不是多好也不是多坏。可让我感到费解的是，人们总是从坏的方面来看情感。如果有人说了句对理性的敌人有利的话，人们就以为伤害了理性了。可是只有情感，尤其是巨大的情感波动，才能使灵魂达到伟大的成就。如果没有情感，任何道德文章都不值得一看，绘画就回到幼稚状态，道德也就走向没落了。

二

冷漠的情感会让人平庸。当国家需要我去抵抗敌人，我就奔赴前线，我就只是一个普通的公民。如果一位朋友的死亡让我深感着死亡的痛苦，我的友谊就不是一种单纯的友谊，生命对我如果比情妇更宝贵，那我就跟其他平庸的情人一样了。

三

情感减弱会让杰出者失掉光芒，不是发自内心就消灭了自然的伟大和力量。你看一棵树，因了它的枝叶茂密，你才得到它的清凉浓荫的庇护，它可以一直庇佑你到冬天来临，直到它的叶子全部掉光。人就是在情感衰微中失掉了青春的气息，缺乏情感的诗歌、绘画、音乐再也没有让人激赏之处了。

四

也许会有人对我说，强烈的情感可以让人幸福吗？是的，如果一切情感都和谐一致，一定是这样的。为它们建立一种和谐的介质，不要认为会扰乱我们的大脑。不要总是害怕希望破灭，不要对生命的关爱超出了对体面的追求，更不要担心享乐会损害健康，结果是，社会上不再有放荡不羁的人，也看不到冒失鬼，更看不到懦夫了。

五

压制自己的情感，是最愚蠢的。一个疯狂的迷信者，要让自己什么也不向往，什么也不爱，什么也不感受，如果真做到这样的话，最终就变成了一个怪物，他的目的达到了！

六

一种品质在这个人身上我就会尊重，会不会在另一个人身上就会让我鄙视呢？当然不会。不以我的一时之见而转移的真理，应该作为我判断的准则，我决不会把我在一个人身上视为美好德行的品质看成另一个人身上的一种罪恶。

我有没有可能认为，既然自然与宗教一视同仁地管理一切人，却只有某些人可以完美践行应有的准则呢？完全不会的。他们独享了这份荣耀的特权是从哪里来的呢？如果巴诃莫[①]与人类断绝交往让自己处于孤独之中是对的，就不能禁止我模仿他，我一模仿他，那么我就应和他一样是有道德的，所有如我一样有此

① 巴诃莫，4世纪初时隐修士清规的创立者。

想法的人当然也要享有这种权利。可是这样就会出现一种多么奇怪的景象：整个省份的人，因为害怕社会的危险，就散居在森林之中，居民们像圣者一样纯洁而过着野兽一样的生活。在各种社会情爱的废墟上竖起了千百根圆柱，出现了一个居住在柱子上[①]的新民族，为宗教而压抑了自己的自然感情，不再做人而装成塑像，只为成为真正的基督徒。

七

多么可怕的声音！多么凄惨的叫喊！多么绝望的呻吟叹息啊！是谁把这些痛哭流涕的死魂灵关在这些牢狱之中的呢，这些不幸的人都犯了什么罪呢？有一些用石块捶打着自己的胸部，另外一些用铁爪撕扯着自己的身体，大家眼睛里满是悔恨、痛苦和死亡的神情。这样可怕的惩罚是谁施与的呢？……是他们触犯了的上帝……这是怎样的一位上帝呢？是一位充满了善心的上帝……一位充满了善心的上帝竟让自己处在泪水的海洋里！这些恐怖的景象不会损害他的仁慈吗？如果罪恶之徒必须要平息一个暴君的狂怒，他们还会另外采用什么方法呢？

① 古时有些隐修士，为了与世隔绝，就独自住在一根圆柱顶上修行。

八

有一些人，与其说他们敬畏上帝，不如说他们是害怕上帝。

九

从人们描绘的最高实体形象来看，从他易怒的倾向来看，从他报复的严酷来看，从他任其覆灭与肯施救援的人数比例的比较来看，最正直的人更倾向于他最好要存在。如果世人能得以在另一个世界里没有什么可怕的保证，那么世人在这个世界上是会相当平静的。也就对不存在上帝这一想法深怀恐惧，并且为有一个像人们为我描绘的那种上帝存在的思想而大为不然。

十

对于上帝，既不要想得太好，也不要想得太坏。公道存在于仁慈与残酷之间，惩罚也同样存在于免罪与永恒的惩罚之间。

十一

我深深明了，人们对那些不明确的宗教观念，口头赞美的多真正遵从的少。有一些信徒觉得没必要热爱上帝就必须痛恨自己，对宗教有虔诚之心就必须在绝望中过活，他们的虔信是愉快的，他们的智慧是符合人性的。可是跪拜在同一祭台脚下的人们之间的这种感情上的差别是从哪里产生的呢？难道希望虔诚成为一种绝望的气质吗？啊！怎么能否认气质呢？气质在一个信徒身上的影响真是表现得太明显了。他照着他的心情，上帝可能是爱报复的，或者是慈悲的，在他眼里或是地狱或是天堂，他或者怕得发抖，或者燃烧着狂热之爱，气质于他就如同患了冷热病。

十二

是的，我认为迷信是比无神论对上帝更加的有害。普鲁泰克说："我宁愿人们认为世界上从来没有普鲁泰克存在过，也不愿人们认为普鲁泰克是不公正的、易怒的、反复无常的、妒忌的、爱报复的，而且是那样使人不快的。"

十三

能与无神论者一较高下的只有自然神论者，迷信者根本不是对手，因为他的上帝是想象出来的。除了关于"物质"这一概念的难以证明，他还要遇到因他概念的错误而产生的一切困难。对一个万尼尼来说，一个柯氏，一个莎氏，将比世界上所有的尼古拉们和巴斯葛们麻烦一千倍。[①]

十四

巴斯葛有他正确的地方，但是他胆小而且轻信。他是有才华的作家和深刻的理论家，如果不是天意把他交给了那些由于怨毒而牺牲了他的才能的人，那他一定会为我们解释清楚这个宇宙。如果他能让当时的神学家们去负责解决他们的争端，如果他能充分利用他从上帝那里得来的才智，毫无保留地献身于真理，并且不怕冒犯上帝，最重要的是，他若能拒绝那些其实连做他学生都不配的人做老师，那该多好！天才的拉·莫德说拉·封丹的话也很可以用在巴斯葛身上：认为亚尔诺、德·沙西和尼古拉比他好些，是十分愚蠢的。

① 万尼尼（1585–1619），意大利无神论哲学家，以“无神论罪”于1619年被烧死。此处的柯氏和莎氏指英国的自然神论者柯特华兹和莎夫兹柏利。尼古拉（1628–1695），道德家及神学家，有名的《道德论》的作者。巴斯葛（1623–1662），有名的法国数学家、物理学家、哲学家，著有为基督教辩护的《思想录》。

十五

我告诉你根本没有上帝，是人们妄想有个上帝创造了世界；世界的永恒性并不比灵魂的永恒性更没道理；因为我无法设想，运动如果有着完美的守恒品性，今日的宇宙又是如何产生的呢？而为了要解除这一困难，就来假设一个我更不能设想的东西的存在，这实在太可笑了。如果物理世界范围内的表现是出于某种智慧，那么在道德世界范围内统治着的混乱就把全部的神性化为乌有了。我告诉你，如果一切都是一个上帝的作品，那么一切就都应该完美到无以复加，因为如果一切不是这样完美的，就说明上帝无能或有恶意了。那么，我对他的存在与否不去深究就是最好的，既是这样，你们的这些启迪于我何用？如果你们证明善源于恶，也证明了布里坦尼克斯这个最好的王子死了是好的，而尼禄这个最坏的人统治国家也是好的[①]，那么如何证明不用同样的方法就不可能达到同样的目的呢？容许罪恶以显示德行的光芒，得到的好处微乎其微，而弊端却实在地留在了那里。

无神论者说："这就是我对你们的反驳，你们将如何回答呢？……'因为我是个大罪人，如果我若毫无瑕疵无须敬畏上帝，我也就没有打击他的必要。'喜欢辩论的人会这样说：**这话**

① 布里坦尼克斯是罗马皇帝克劳狄的儿子，尼禄是克劳狄的养子，继他的位做了罗马皇帝。布里坦尼克斯是被尼禄毒死的。

可能触犯真理；礼貌也不容这样说，并且这话显得缺乏仁爱。仅因一个人不信上帝，我们就有理由伤害他吗？只有在无法证明的时候，才求助于骂战。在两个辩论者中间，要是一百人都打赌说某一个人错了，错了的人是有可能动怒的。曼尼普[1]曾对尤比德说：‘你不回答而大发雷霆，那么你是错了吗？’”

十六

有人问另一个人是否有过真正的无神论者。他回答道：“你相信有过真正的基督徒吗？”

十七

全部形而上学的理论，都抵不过一句“即以其人之道还治其人之身”。要让人信服，有时只要唤醒身体上或精神上的感觉就行了。有人就曾用一根棍子让庇罗派的人明白他否认自己的存在是错的。加尔都士[2]手里拿着手枪，就可以给霍布斯一个同样的证明：“要钱还是要命，这里只有咱们俩，我有枪，咱们之间不存在公道问题。”

① 曼尼普，古希腊哲学家，公元前3世纪时人。

② 加尔都士，18世纪时法国著名的强盗首领。

十八

真正给无神论者巨大打击的并不是形而上学者。要动摇唯物主义，马尔布朗士和笛卡儿的那些智慧的沉思，还不如马尔皮基[①]的一个观察有力。人们认为唯物主义这一理论在我们今天已经摇摇欲坠，只有实验物理学依然保有它伟大的荣誉。但在牛顿、穆什布洛克[②]、哈特措克[③]和纽文蒂特[④]的著作中，人们才发现了关于一个具有最高智慧的实体存在的充足证据。感谢这些伟大的人物让我们知道世界不再是一个神，而是一个有序运转的机器，有它的齿轮、绳索、滑车、弹簧和悬摆。

十九

本体论中为我们提供的证明，最终使人成为怀疑论者，只有从自然中得来的认识，才使人成为真正的自然神论者。仅细菌的发现就瓦解了无神论的一个最有力的辩驳。不管运动是物质的本质，还是物质的偶然性质，我现在已深信它最终的发展结果：一切的观察告诉我，单单腐烂是不会产生任何有机物的。我可以承

---

① 马尔皮基（1628–1694），意大利生物学家和组织学家。

② 穆什布洛克（1692–1761），荷兰数学家。

③ 哈特措克（1656–1725），荷兰哲学家。

④ 纽文蒂特（1654–1718），荷兰数学家。

认，最卑微的昆虫的构造也是像人的构造一样神奇的，让一些人随便去发表“分子的一种内部活动既然能产生昆虫，似乎也就产生了人”这一论调吧。如果有一位无神论者在两百年前提出一个看法，认为也许有一天会看到一个真正的人从地心中冒出来，就像我们看到一堆虫子从一块发臭的肉中孵化出来一样，不知形而上学者会给出一个怎样的回答。①

二十

我曾想用经院派学者的方法去反驳一个无神论者，结果徒劳无功，他甚至从我用的这些推论中发现了弱点，从而取得了一个相当有力的反驳理由。他说：“人们已为我把众多无用的真理证明得无可争辩了，但上帝的存在、道德上的善和恶的实在性、灵魂的永生，所有这些在我还依旧是问题。怎么！弄清楚这些题目，难道不比让我相信三角形内角的和等于两直角更重吗？”当他以巧妙的雄辩家的神气看着我慢慢饮完这一杯哲学的苦酒时，我又提出一个问题，再次吹响了战斗的号角，这是个让刚刚取得胜利的人看起来有些怪异的问题……我问他：“你是一个有思想的物质吗？”……他以一种自满的神气回答道：“你难道能怀疑

① 这里狄德罗是指勒内关于昆虫的生殖的实验，他在这里是想谈由于望远镜和显微镜这两种奇异的仪器的发明而获得的那些发现。

这一点吗？”……“为什么不能呢？那个刚刚制服了我的人让我觉察到了什么呢？”……“一些声音和一些运动吗？”……“可是哲学家在一个被他剥夺了思想机能的动物身上也同样看到这些。为什么我要承认你具有笛卡儿不承认蚂蚁八年有的那种东西呢？你在外表上做出了一些动作，在我看来你是在哄骗我相信你是有思想的，你不过是表面上看上去有思想罢了，理性提醒我先不要下断语。它对我说：在表面行动和思想之间，毫无本质的联系，也许你的对手像他的表一样是没有思想的——习惯跟一个人说话是不是造成了他是有思想的错觉？有谁告诉过你所有的人不可能是像鹦鹉一样，在你不知道的时候被教会说话的呢？……”

他答复我说：“这是个巧妙的比喻，我们不应当根据运动和声音，而应根据连贯的观念、各个命题之间的前后一致以及各个推论之间的联系来判断一个物质是否有思想，如果有一只鹦鹉可以随便与人交流，我将坚定地相信且向众人宣布这是一个有思想的东西……可是这个问题和上帝的存在有什么关系呢？难道你为我指明了我认为最有智能的人也许只是一个自动机械装置，我就会倾向于承认自然中有一个‘心智’吗？……

我还要说：“虽然这是我的看法，可是你得同意，否认你的同类有思想能力将是疯子的行为。”

“你当然可以这样想，可是由此就会得出什么结论来呢？……”

“我们可以由此得出，如果这个宇宙，我怎么说出了宇宙这个词！如果一只蝴蝶的翅膀让我看到‘心智’的一些迹象，而这些迹象比起你仅仅从你的同类赋有思想能力这一点得到的那些征象来，要明显一千倍，那么，否认有一位上帝存在，比起否认你的同类有思想来，更要狂妄一千倍。然而，尽管如此，我还是诉诸你的神明，你的意识，你有没有注意到，在任何一个人的推理、活动及行为中，都比一个昆虫的结构中有更多的心智、条理、灵敏和连贯性呢？神性印在一个小虫的眼睛中，不是和思想能力印在伟大的牛顿的作品中一样明显吗？怎么！现实世界难道不如理论世界更证明有一个心智存在吗？……这是怎样的见解！……

你答辩说：“可是，就像认为我自己有思想一样，我也承认别人有思想能力……”

“好，我同意这一点，我虽没有自负之心，可我的证明比你的高明就已是给我的补偿了。由自然的作品证明自然中有一个最高实体的智慧，不是比由哲学家的著作证明一个哲学家有思想能力更清楚吗？请你再想一下，我不过是以一个蝴蝶的翅膀及一个虫子的眼睛来反驳呢！而我本来是可以用整个宇宙的重量把你压垮的。要么就是已错得离谱，要么就说明我这个证明比学校里给出的证明要高明。就是根据这一推论，当然我还能找到更简单的证明，我才承认有一位上帝存在，而并不是根据那些枯燥的形而上学的观念罗列，这些观念是不适于揭示真理的，而只会让真理笼罩在一团荒谬气氛中。”

二十一

我在一位有名的教授的笔记中读到这样的话：“无神论者们，我同意你们所说的运动是物质的本质，可你们想得出什么结论呢？……难道能得出世界是骰子的偶然投掷所造成的结果吗？那我也同样希望你们告诉我：荷马的《伊利亚特》或伏尔泰的《亨利亚特》是许多字的偶然投掷所造成的结果。”

我准备把这个推论说给一个无神论者，相信这样的比喻一定会重创他。他也许还会反驳我：“根据分析掷骰子的规律，如果一件事是可能的，对它真的发生我就不应该感到惊奇，说到发生的困难，可以用多掷来弥补。同时以十万颗骰子，要掷出十万次6来，我赢的机会还是很多的。有人提议让我用来偶然产生《伊利亚特》的字母，无论数目多么有限，总会谈成一个有利于我的次数。要是约定的投掷次数是无限的话，那对于我来说则有无限大的好处。”

他还会继续说：“如果你跟我一样相信物质是永恒存在的，而运动是它的固有性质。为了报答你这好意，我现在假定宇宙是没有界限的，骰子之多是无限的，而这使你惊讶的宇宙是毫无悖谬之处的，在你我相互的妥协中只可能得出一个结论，那就是偶然产生这宇宙的可能性是很小的，但投掷次数的量是无限的，那么事情发生的所有障碍，由无限量的投掷次数抵消掉了。那么，这是一个为理性所不容的假设，因为这等于是说物质既然是永恒运动的，并且在无数次的可能的组合中，既然也许有无数令人赞叹的安排，而在它连续地出现的无限多次的安排中，竟不会碰到一次这种令人赞叹的安排。因此，我们与其对这宇宙的实在产生感到惊奇，还不如去对这种假设的混沌如此持久感到惊奇。

二十二

我把无神论者分为三类。一类是干脆地告诉你说上帝是没有的，并且也是这样想的，这是真正的无神论者；有相当多的人总是在思考这个问题，并且很想就这个问题给出一个是或不是的答案，这是怀疑论的无神论者；更多的人是希望没有上帝的，而且他们表现得也像深信这一点，也装作跟无神论者一样地生活，这些是说谎的家伙。我讨厌这说谎的家伙，他们是虚伪的；我可怜那些真正的无神论者，在我感觉对于他们一切安慰都已不存在了；而我为那些怀疑派祈求上帝，他们缺少伟大的明示。

二十三

自然神论者相信有一位上帝存在，相信灵魂不死和它的后果；怀疑论者对这些问题都不确定；无神论者则否定它们。因此，要成为有道德的人，怀疑论者就比无神论者多一种条件，而比自然神论者少某种条件。若没有对立法者的敬畏，没有情感上的倾向及对于道德的实际好处的认识，则无神论者的正直则无基础，而怀疑论者的正直则是基于“可能”之上。

二十四

不是所有人都可以持有怀疑，怀疑论得有一个前提，就是一种深刻的并且不计利害的探究，因为不知道可信的理由所以怀疑的人，不过是一个无知的人罢了。真正的怀疑论者思考并将所有的推论进行推敲，而对推论进一步的推敲这事不是谁都能做得来的。对一个推论我能真正分得清它的价值所在吗？对于同一真理，拿出一百条证明来，任何一条都会有赞同的。每一个心灵都有它的远方，在你眼里根本不存在的一个反驳，在我眼里却如山峰一样屹立着；你认为不值一提的理由，在我却重如泰山。如果我们对本身固有的价值看法就有如此分歧，我们怎么会对相反的取得一致呢？请告诉我，要多少道德上的证明才能与一个形而上学的结论对等呢？究竟是我的这副眼镜不准还是你的不准呢？那么，既然探究证明是这样困难，既然没有一个问题不是有人赞成或有人反对，两种意见几乎总是同等的分量，我们何必要这样快下结论呢？我们这种如此断然的口气是从哪里来的呢？那种独断的自满最后又总是事与愿违，这种情形我们不是碰到过千百次吗？《试笔》的作者曾说（第三卷，第十一章）："当有人把那些好像是正确的东西确定为必然无误时，就使我开始对那些东西觉得讨厌。我喜欢那些减弱我们的命题风险的字眼，如'偶然、也许、某种、据说'以及诸如此类的字，而且如果要我去教育儿童的话，我将让他们口中常带着这种探询的而不是决断的对话口气，如'是这样吗、我不懂、可能是、真的吗'之类，宁愿他们长到六十岁也还如一个学徒，而不是像他们现在那样，才十岁就有了老博士的口气。"

二十五

什么是上帝？这问题是人们常对小孩提出的，事实上哲学家也很难回答。大家都知道一个小孩到什么年龄应该学写字，学唱歌，学跳舞，学拉丁文，学几何，唯独在宗教这件事情上就丝毫不管他的能力是否可以达到。他刚有点懂事，就会有人问他：什么是上帝？也就在那时，从同一张嘴里，他学到有小鬼，有精灵，有女巫，还有一个上帝。大人以这样一种方式再三叮嘱他一条最重要的真理，这种方式就使他的“有”或“无”可以在他理性的裁判所里贬抑这条真理。可是，如果到了二十岁，他发现上帝的存在竟和大脑里一大堆可笑的偏见混在一起，于是就来否认它，就如同我们的审判官处理一个偶然和一群恶棍搅在一起的好人一样来处理它，这又有什么可奇怪的呢？

二十六

人们在我们太小时谈了上帝，另一缺点是人们又不够坚持上帝是永远在看着我们的。人们已把上帝从他们之中驱逐出去了，他们把他供奉在一个封闭的圣殿中，教堂的围墙挡住了他的视线，在这外面他就不存在了。你们是多么愚昧啊！把这些拘束你们的观念的藩篱摧毁，把上帝扩大，要认为他无处不在，但要像空气般地存在。如果有一个小孩要我来教育的话，我就要会让他相信上帝是真实地陪伴在他身边的，使他觉得成为一个无神论者比起和上帝分开也许更不值得。我不会举一个他认为不好的人做例子，而直截了当地告诉他：上帝听着你，而你却在说谎。年轻人是喜欢能感觉到的东西的，因此我将在他周围增加许多表示上帝在场的记号。例如，假若在我家里要有一个聚会，我就要为上帝留一个座位，而我将使我的学生习惯于说：我们是四个，上帝，我的朋友，我的师傅和我。

二十七

无知和好奇是两个很软的枕头，但真要感到它们的柔软，必须有生得如蒙田一样好的头①。

二十八

思想活跃和感情热烈的人对于怀疑论者总是迟迟不做出决断是不解的。他们宁愿匆忙地做一个选择而不愿不做任何选择，哪怕陷于错误也不愿过不确定的生活。当他们遇到激流，或许是不相信自己的臂膀的力量，或是对水深的恐惧，哪怕他们自己已感觉到树枝的细软，他们也要永远地挂在那里，而不是跃入激流游向安全的高地。可以肯定地说，他们从未真正留心考查过，他们根本不会想到去怀疑什么，他们既无这种耐心，当然也缺乏一种怀疑的勇气。受着那决定他们的微光的支配，如果凑巧他们也碰到真理，这并不是由于摸索，而是出于偶然，也许是由于天启，他们是独断主义者信徒中的自称得到天启的幻想者。我曾经见过

① “啊！无知和好奇，是一个多么柔软且舒服的枕头，可以来安置一个生得很好的头。”见蒙田《试笔》，第三卷，第十三章。

这不安定的一类中的一些个人，他们就不能设想人如何能把心灵平静和犹疑不决结合起来。

“不知道自己是谁，也不知来自哪里，到哪里去及为什么而来，才是获得幸福的方式！”

怀疑论者冷冷地回答道：“我很高兴不知道这一切，但也没有更不幸些，如果我扪心自问时，我发现我的理性哑口无言，可这不是我的过错。也许终生我也无法回答‘我的人生是否幸福’这个问题，但这事并不会让我忧愁。对于那些我不可能给自己的知识，也许我已被剥夺了获得这种知识的权利，它们对我大概也不是十分必要的，我何必为这样不必要的东西而难过呢？我们这个时代第一流的天才之一[①]曾说过：如果这样，我将也一样为没有四只眼睛、四只脚和两只翅膀而认真发愁了。”

二十九

人们可以劝说我热爱真理，但不可要求我找到真理。也许一个诡辩比一个可靠的证明更让我快乐呢？我被迫同意把假的当作真的，而把真的当作假的来加以抛弃。但是，这全是我的无心之过，我又怕什么呢？人并没有因为在这个世界中曾有才智而在另一世界中得到报偿，那么就会因为在这个世界中缺乏才智而在另

① 指伏尔泰。

一世界中受到惩罚吗？因为一个人不善推理就罚他，等于忘了他是一个笨人而把他当作一个坏人一样来处理了。

三十

什么是怀疑论者？这就是一个哲学家，他曾怀疑过他所相信的一切东西，而相信他的理性和感觉的正确应用给他指明为真的东西。你还要什么更确切些的定义吗？只要庇罗派的人认真起来，你就会看到怀疑论者了。

三十一

凡是从来没有被当作问题的，都是丝毫没有经过证明的。凡是未经毫无成见地考查过的，一定是从未很好地考查过的。因此，怀疑论是走向真理的第一步，它应该受到普遍应用，因为它是真理的试金石。如果哲学家为了确定上帝的存在，是从怀疑其存在开始，那么还有什么命题能逃脱这种证明呢？

三十二

“不信”有时是傻子的毛病，而“轻信”则是聪明人的缺点。聪明人对未来的可能看得很远，傻子则几乎只把实际存在的东西看作可能的。可能就是这一点使得一个很怯懦而另一个很鲁莽。

三十三

相信得太多和相信得太少同样是冒险。一个多神论者和一个无神论者相较，其危险既不多些也不少些。而只有怀疑论能同样保证无论何时何地都不趋于这两者的极端。

三十四

心灵软弱者会持有一种半怀疑论，他的推论显得有些胆怯，会被自己的推论惊到。如果是一个迷信者，认为只要看紧了理性就是尊崇了他的上帝。如果他是一种无信仰者，就怕别人识破自己的假面具。假如像半怀疑论者所深信的那样，真理在考查中丝毫不会失去什么，那么对那些怕加以探究的人，就像放在一个他不敢接近的圣殿里那样，在他脑子的一个角上的有特权的概念，他的灵魂深处究竟怎样想的呢？

三十五

我听到到处都在喊有人不信神。基督教徒在亚洲被说是不信神的，伊斯兰教徒在欧洲、罗马天主教徒在伦敦、加尔文教徒在巴黎、冉森教徒在圣雅各布路以上、莫利那教派在圣美达郊区以下都被称为不信神的人。那么到底什么人不信神呢？所有的人都是，还是没有人是不信神的呢？

三十六

当那些虔诚的信神者对怀疑论大发脾气时，我觉得他们有点不太了解自己的利益，或者他们是自相矛盾的。如果一种真的宗教信仰之为人采取，和一种假的宗教信仰之为人抛弃，只需对它有很好地认识就足够了，最好是把一种普遍的怀疑散布于全球，所有民族都愿把他们的宗教的真理当作问题来探讨一番，我们的传教士会发现他们的事业的一大半已经完成了。

三十七

凡是经过选择而没有保持他因教育而接受的宗教信仰的人，是不能以是一个基督教徒或伊斯兰教徒自负的，正如不能以生来不是瞎子或跛子自负一样。这是一种幸运，而不是一种本事。

三十八

一个人若为一种他认为虚伪的宗教信仰而死，他将是一个疯狂的人。一个人为一个虚伪的但他信以为真的宗教信仰而死，或为一种真的而他并没有证明的宗教信仰而死，是一个狂热的盲从者。只有为一种真正的并且其真理已为他证明了的宗教信仰而死的人才是真正的殉道者。

三十九

真正的殉道者是等待着死亡，狂信者则奔向死亡。

四十

一个人在麦加，若跑去侮辱了穆罕默德的遗骸，推翻了他的祭台，扰乱了整个清真寺，他一定会被处以长棍穿身的刑罚，他也不会因此被封为圣者。这种狂热早不流行了，博利欧克特在我们今天将只是一个疯子。

四十一

那种天启、奇迹、特殊使命之类的时代已过去了，基督教已不再需要这种装饰之词了。一个人若跑来想扮约拿那样的角色，在街上大喊："再过三天，巴黎就要没有了，巴黎人啊！赎罪吧！用麻袋和灰把自己盖起来吧！否则过三天你们就要死了！"他将马上被抓住，并且被拖到一个法官面前去，法官会把他关进疯人院。他可能会说："人民啊！上帝爱你们就不如爱尼尼微人吗？你们就比尼尼微人罪少些吗？"听到的人也不会有兴趣理他，只当他是一个癫狂的人，人们也不会在意他那预言的期限的。

以利亚[①]高兴时可能从另一世界回来，人们相信一定会这样，他将会做出一些伟大的奇迹，要是他在这世界里受到很好的接待的话。

四十二

当有人向人民宣告一种与占统治地位的宗教相冲突的教条，或做了某种违反公共治安的事时，就算他用一些奇迹证明了他是

① 以利亚，意即"耶和华是神"，他是忽然出现，不知从何处来，最后他没有经历死亡就直接被神接去，有人故谓之为活神的代表。

受上帝之托，政府也还是有权惩治他，而人民也有权喊：“把他钉上十字架！”

把人心交给一个骗子的诱惑，或交给一个幻想者的梦想，有什么危险不会发生呢？如果说耶稣基督的血曾喊着对犹太人复仇，那是因为当他们使他流血时，他们塞住耳朵不听摩西和先知们宣告他是弥赛亚的声音。就算一位天使刚从天上下来，就算他用许多奇迹来支持他的理论，如果他的说教违反耶稣基督的法律，保罗也还是愿人们把他视为异端而予以惩罚的。因此要判断一个人的使命，应该不是凭那些奇迹，而是看他的教义是否符合他自称被差遣到他们中间的人民的教义，尤其是当这人民的教义已被证明为真的时候。

四十三

在一个政府之中，任何革新都是可怕的。即使最健康最温和的宗教，就像基督教，它为了今天的地位也不是没有引起麻烦的。基督教会的最初的儿女，不止一次地背弃了为他们规定的节制和忍耐。请允许我在这里引用朱瑞安皇帝的[①]一篇敕令中的片

① 朱瑞安，全名弗拉维尤斯·克劳狄亚斯·朱里亚努斯，是罗马帝国君士坦丁家族时期最后一位奥古斯都（公元361-363年在位）。尽管他在位只有短短一年多的时间，但因其特殊的异教徒身份和努力恢复异教传统的行为受到后世基督教徒和历史学家的关注。

段，它们将非常清楚地表现出这位哲学家君主的天才，和他那时的虔诚者的脾气。

朱瑞安说：“我曾想象，那些加利利人的首领们将感觉到我的方式和我的前任的方式是多么不同，他们将会对我满意。他们在他统治之下曾遭受到放逐和囚禁，还杀掉了好多他们中被称为异端的人……

“在我的统治之下，曾召回了被放逐的人，释放了被囚禁的人，并且返还了被剥夺的财产。但是这一类的人是如此不安和狂暴，以至一旦他们失去了彼此互相毁灭和对于无论信从他们的教条或遵奉法律许可的宗教的人加以迫害的特权，就不惜利用任何手段利用任何机会来激起叛乱。这些人根本不了解什么是真正的虔诚，并且毫不尊重我们的法度……

“可是我们并不要人把他们拖到我们的祭台脚下，也并不使人对他们实施残暴的手段……至于这个下贱民族，似乎是他们的首领激起了他们的叛逆精神，这些首领对我们限制他们的权力极为愤怒，因为我们曾禁止他们进我们的法庭，也不让他们再有处理遗嘱谋夺合法继承人的位置及侵占遗产的便利了……

“因此，我们禁止这一民族聚众骚动，也不允许在煽动叛变的祭司处结党谋逆……

“我们的官吏已不止一次受那些暴民的攻击，并有被投石打死的危险，愿此敕令使我们的官员得保平安……让这些暴民平静地到他们的首领那里去，让他们在那里祈祷，在那里受训诲，在那里举行他们所接受的宗教仪式，我们不阻止他们，但是让他们放弃一切作乱的计划……

“如果他们利用这些集会叛乱，那是他们以身试法，将自取其咎，特此谕知……

“无信仰的百姓，应当太太平平地生活……而你们仍忠信于你们本国的宗教和你们祖先的神的人们，不要迫害你们的邻人，不要迫害你们的同胞，比起他们的邪恶当受谴责来，他们的无知是更当受怜悯的……要使人皈依真理，当基于理性而不是利用残暴。因此我晓谕你们，我忠诚的臣民，让那些加利利人过平安日子。”

这位君主的感情就是这样的，对于他，人家可以责备他是异教，但不能责备他背教，他的幼年经过了太多的老师，并且是在各个不同的学校中度过的，而到了相对大点时，他又做了一个不幸的选择，他不幸地决定崇奉他祖先的宗教并信他本国的那些神。

四十四

最让我感到惊奇的是这位学识渊博的皇帝的作品居然一直传到了我们手中。这些作品中包含着的一些文辞，在我看来丝毫无害于基督教的真理，但对于他当时的某些基督徒是相当不利的，足可引起教父们所具有的那种要消灭他们的敌人的作品的特殊注意力。圣徒格里高利显然是从他的先辈们那里继承了那种未开化人的热忱，使他热衷于反对文学和艺术。如果一直是这位教皇那样，那我们将也和回教徒的情形一样了，他们全部可读的书就只限于一本《古兰经》。因为，那些古代的作家的作品，如果到了一个对宗教原则死板遵守的人手中，他以为遵守文法规则也就是使耶稣基督从属于杜那[①]，并且又自认为有必要把古代的遗址加以修葺，那么这些作家的命运将会是怎样的呢？

四十五

可是，那些圣书上的上帝，不是印在纸上的字，根本就是模糊不清的，以至于那些圣史学家的权威，是没有世俗人所要的那些证据的，是非常孤绝的。如果必须在我们那种形式的圣书中找出上帝的意旨，我们是到了什么境况了啊！那拉丁文的译文，有多少不是蹩脚可怜的？即使《圣经》的原文也不是什么锦绣文章。那些先知、使徒和传福音者只是照他们所了解的那样写。如果能容许我们把希伯来民族的历史看作是一种简单的人类心智的产物，那么摩西和他的那些后继者是不会胜过李维、萨鲁斯德、恺撒和约瑟的，这几位，人们一定不会猜想他们是凭灵感而写作

① 杜那，拉丁文法学家。

的。难道会有人宁爱耶稣会教士贝吕叶而不爱摩西吗？在我们的教堂中保存着一些图画，据说是天使和上帝自己画的，如果这些画是出于勒·秀欧或勒·布伦之手，我可能就没有什么可挑剔的了。但当我观察这些“天上的”作品，看到不论在构图及在落笔方面，每一步都违反了绘画的规则，艺术的应有的表现力到处被弃之不顾时，我只能猜想作者是个无知之辈，因而必须揭露尊古的传统是怪诞不经的。如果我不是知道《圣经》中所包含的东西说得好或说得坏是多么无关紧要，我拿这些图画来和《圣经》做比附有什么奇怪的呢？那些先知都自诩说的是真话，而并不自夸说得好。那些使徒岂不都只是为他们所说或所写的东西的真实性而死，而绝不会是为别的东西而死的喽？回到我所讨论的问题上来，保存那些世俗作家的作品岂不是很重要的一件事吗？这些世俗作家，至少在关于耶稣基督的存在和奇迹，关于彼拉多①的气质和性格，以及关于最初的基督徒的行为和殉道等方面，是不能不保持与这些圣史家一致的。

四十六

你也许会对我说，整整一个民族都是这事实的证人，你还要

① 彼拉多，罗马帝国犹太行省总督，曾多次审问耶稣，原本不认为耶稣犯了什么罪，却在仇视耶稣的犹太宗教领袖的压力下，判处耶稣钉死在十字架上。

否认它吗？是的，只要没有某一位不属于你们一派的人的权威再对我证实，并且这个人如果没有被证明不是狂热与诈欺的，我就将敢于否认。还有，就算有一位公认为大公无私的作者对我说：某城中裂开了一个深坑，为这事去问了神，神的回答是说，如果人们把自己所有的最宝贵的东西丢进去，这坑就会合拢，有一位勇敢的骑士自己投入了这深坑，神的话果然应验了，我也不大相信。他若只是简单地说，某地裂开了一个深坑，人们花了很长的时间和相当的劳力把它填平了，我会更相信些。一个事实越不可信，则历史的证据就愈没有分量。即使只有一个老实人告诉我说："皇帝陛下正对同盟军获得了一次全胜"，我可以毫无困难地相信，哪怕全巴黎的人都对我保证说，在巴西有一个死人刚刚复活了，我也丝毫不会相信。一个历史家欺骗了我们，或者是整个民族都错了，这并不是什么奇怪的事。

四十七

塔尔昆皇帝计划要在罗慕洛斯建立起来的军队中增加一些新的骑兵队。有一个占卜者对他说，如果没有神的授权，对军队的任何改革都是对神的冒犯。塔尔昆为占卜者的放肆所激怒，决定要给他一个难堪，并亲自使那妨碍他的权威的技艺失灵，就让人把这占卜者叫到公共场所来，对他说："占卜者，我所想的事是可能的吗？如果你的学问确如你所吹嘘的那样，就应该使你能够回答。”这卜者非常冷静地问了那些卜鸟，就回答说：“是的，大王，你所想的是可以做到的。”于是，塔尔昆就从他袍子底下抽出一把剃刀，并且手里拿了一块石头，对占卜者说：“那就请过来为我用这剃刀来切开这石头，因为我想这是可能的。”纳维乌斯——这就是这占卜者的名字，转向人群，确有把握地说：“让人用这剃刀来切石头吧，如果它不马上分开，就让人把我拖到刑场去。”果然，完全出人意料，人们看到坚硬的石头在剃刀下让步了！它的各部分很快地自行分开，以致剃刀割到了塔尔昆的手，并且在他手上割出了血。惊奇的人民大声欢呼。塔尔昆就放弃了他的计划，并亲自宣布为那卜者的保护人，人们把那剃刀和石头的碎片封存在一个祭坛下面，人们为这卜者立了塑像。这塑像到奥古斯丁在位时都还存在，而不论世俗界和宗教界的古人，在拉克当斯、哈利加纳斯的德尼和圣奥古斯丁的作品中都为我们证明这事是真实的。

你已经听到历史的记载了，现在请听一听迷信的说法。迷信的昆都斯对他的兄弟西塞罗说：“对于这，你如何回答？你必须沉迷一种完完全全的庇罗理念，把那些人民和历史家都当作蠢人，并且把历史书都烧了！否则就得承认这事实，你宁愿否认一切，也不肯承认神参加我们的事务吗？”

“我不会随便使用哲学家的证据，因为这些证据可能是真的，可能是假的，也可能是虚构出来的。我们需要的证据和理由，就是对经常遇到的事情，尤其是对那些使我不能相信的事情应当指出的理由……抛开罗慕洛斯的占卜杖吧，你说最热的火也不能燃烧它，阿图斯·纳维乌斯的砺石也不能磨损它吗？神话在哲学中是应该没有地位的。你以一个哲学家的身份，首先应当详细考察迷信的本质，其次考察迷信的起源，再次考察迷信的持续……伊特鲁斯坎人[①]有那个从土里掘出来的孩子制定了他们的法度。我们有谁呢？阿图斯·纳维乌斯吗？……你认为那些连人的知识都没有的人会建立起神的学问吗？”（西塞罗《论迷信》）

但这是那些国王，那些民众，那些民族和全世界的信仰。

“世界上最普遍不过的事莫过于庸俗无知，一个聪明人在自己下判断前会征求庸众的意见吗？”

以上就是这位哲学家的答复。就让人为我引证一个唯一的奇迹，也许这不是一个很好的答案！那些教父们，大概是看到了利用西塞罗的原则有很大不便，决定承认塔尔昆的事件，而把纳维乌斯的技术归之于魔鬼。这时的魔鬼真是一个好东西啊！

① 即塔尔昆王朝的主体民族，公元前6世纪时，其都市文明达到顶峰。

四十八

一切民族都有这一类的事实，为了让这种事具有奇异怪诞之感，真实倒成了一种累赘。用这些事，人们来推证一切，但丝毫也不能证明什么。对于大众来说，不是不信神的人就不敢否认它，而是只要不是傻瓜就不会相信它。

四十九

罗慕洛斯受了雷击，也许是被那些元老暗杀了，总之罗马人再也看不到他了。人民和兵士为此而私下里偷偷议论。国家已处在无序状态，而新生的罗马内部陷于分裂，外面的敌人又虎视眈眈，濒于覆灭，于是有一位普洛居莱庄严地起来并且说："罗马人，你们所怀念的这位君主，他根本没有死，他已经上天去了，他在天上就坐在尤比德的右边。他曾对我说，去吧，叫你的同胞们安静，告诉他们罗慕洛斯与众神同在，向他们保证我一定保佑他们，让他们知道他们敌人的力量永远不会胜过他们，命运要他们有一天成为世界的主人，一定要把这个预言世代传下去，直到最后一代。"

这真是个天赐的欺骗的机会，而如果我们考查一下当时罗马的状态，我们要承认普洛居莱是个有头脑的人，并承认他能够抓住时机。他在人们心中引进了一个信念，这对于他祖国未来的伟大，当然是有益的……

“对这一信仰的宣传多么神奇，人民对于罗慕洛斯的那种希望，由于对不朽的信仰，人们不再忧愁。那个人的赞美和当时的恐惧使这件事传播出去了，以后由于有些人赞美上帝、崇奉上帝的缘故，人们便祈请罗慕洛斯来拯救世界。”这就是说，让人民相信这是可以出现的神迹，让那些元老也装作相信它，并且让罗慕洛斯配享祭坛。事情这样完结当然不是最好的解释，很快，人们又见到更多的关于这事的记载：罗慕洛斯就根本不是向简单的一个特殊的个人显现了，他有一天向一千多人显现了，他根本不是受雷击，那些元老根本没有趁暴风雨的时机干掉他，而是整个民族眼看着他在电光雷声中升上天空的。而这一事件，随着时间的推移，就匿迹在这样许许多多的文件中。结果是过了一个世纪以后，坚决不信神的人们对它也要感到很困惑了。

五十

我宁愿相信一个理论上的证明，哪怕有五十个人来说他们可以证明这个事实。我十分庆幸我对理性如此的坚持，我的信仰绝不是听凭第一个碰到的江湖卖艺的人摆布的。穆罕默德的大祭司，你使跛子能正常地走路，使哑巴说话，使盲者复明，使瘫者痊愈，使死者复活，甚至施行那远没有试过的奇迹，使残废者所缺的手足再长出来，如果这些使你大吃一惊，我的信仰将丝毫不因此而动摇。你愿我变作你的新信徒吗？那么把所有这些幻术都收起来，让我们来讲理吧，我对我的判断比我的眼睛更靠得住。如果你对我宣传的宗教是真的，那么这一真理就能够被揭示出来并且能用颠扑不破的理由来加以证明。把这些理由找出来吧。当你只需要一个三段论就可以打败我时，为什么要用一些奇迹来为难我呢？怎么！那么使一个跛子能正常走路，在你竟比给我讲明道理还容易些吗？

五十一

一个人躺在地上，没有知觉，没有声音，没有温度，也不动。人家把他翻过来，又翻过去，摇他，用火烧他，什么也不能令他动一点。用火烤也试不出他有什么生命的征象，人家认为他是死了。他是死了吗？不，这是加拉莫的教士的替身。“当他有兴致的时候，就模仿一种痛哭的人的声音，随即失去知觉，躺在那里像个死人一样，不但揪他、捏他毫无感觉，就是用火烧他，也不会让他有痛感，除非后来由于受了伤，他才觉得痛，等等。”（圣奥古斯丁：《神城论》第十四卷，第二十四章）

如果这事在今天被某些人碰到，他们倒可以因此大获其利了。人家将会让我们来看一个生命在一个受天命者的遗骸上复苏，那位冉森派大员的册子[①]中将充满了关于一次复活事件的记载，而那位立宪党人也许更加大脑混乱了。

五十二

波尔–罗雅尔的逻辑家[②]说，要相信圣奥古斯丁与柏拉图一致的主张，即对真理的判断和关于辨别的规则是不属于感觉而属于心智的，靠感觉无法判断真理。即便那种可以从感觉得到的确定性，也无法走得更远，并且有好些事物，人们以为是凭感觉的媒介而知道的，因而对它们根本没有一种充分的信心。因此，既然感觉的证据和理性的权威相冲突，或根本不能和理性的权威相匹敌，也就不存在抉择的理由：在正确的逻辑中，就必须坚持理性。

五十三

在某个郊区[③]充满了欢呼声，有一个受天命者[④]的遗骸在那

① 指议政院议员蒙日隆献给国王的一部记载奇迹的作品。
② 波尔–罗雅尔是著名的冉森派修道院，编了许多教科书，其中就有《波尔–罗雅尔逻辑学》，逻辑家指亚尔诺和尼古拉。
③ 圣马赛尔郊区，为圣美达尔教堂所在地。
④ 助祭教士巴利，冉森派的狂热者都到他的坟上去求治病，蒙日隆把这些事迹记载成一个册子。

里一天之中就所做的奇迹比耶稣基督一生的还多。人们向那里跑着，都拥到那地方去，我也随着人群去了。我还没有走到那里，就听到喊："奇迹！奇迹！"我走到近处，仔细看了一看，只见一个跛脚人由三四个善男信女扶着在走来走去，人们发出惊叹之声，重复喊着："奇迹！奇迹！"奇迹究竟在哪里呢？你们这些傻瓜！你不看见这骗局无非是换了几根拐杖吗？这里面有奇迹，就正如永远有鬼怪一样。我可以打赌，凡是那些看见了鬼怪的人，都是心里充满了对鬼怪的恐惧的，而这些在那里看到奇迹的人，也都是事先就打算一定要看到奇迹的。

五十四

关于这些所谓奇迹，我们有一部厚厚的册子记载，简直可以向最坚决不信的人挑战。作者是一个参议员，是一个冷静而严肃的人，也曾宣传过一种唯物主义，虽然他对所宣讲的东西也是一知半解的，但也没料到会有改变信仰的情况发生。他是他所记述的那些事实的见证人，而对于这些事他是能够毫无私见毫无利害关系地加以判断的，他的证据还有千百个旁人一起可以作证。所有的人都说他们是看见了，而且他们的见证是可靠到对天发誓的，原始的证明书都保存在公共的档案里。对此如何回答呢？如何回答？只要关于他的想法问题没有解决，这些奇迹就是对他毫无影响。

五十五

一切推理，如果可以证明相反的两个方面，那就是不论对这一方面或那一方面都不能证明。如果狂热主义有它的殉道者，就像真正的宗教有殉道者一样，如果在那些为真正的宗教而死的人之中，也曾有一些狂热者，那么，如果愿意，请你们就来数一数死者的数目，然后再相信，否则我们就去寻求别的可信的缘由。

五十六

使人坚决不信宗教的，莫过于那些虚伪的皈依宗教的缘由了。人们总是对那些不信教的人说：你是什么人，竟敢攻击一种被保罗们、台尔杜良们、阿塔纳细亚们、克立索斯顿们、奥古斯丁们、居卜良们[①]以及众多其他有名的人物这样勇敢地保卫过的宗教？难道你发现了这些伟大的天才没有发现的问题吗？那么你就向我们表明你比他们还知道得多吧！否则，如果你承认他们比你知道得多，你就为他们的决定牺牲你的怀疑吧！这样的推论太可笑了。教士们的聪明及感悟根本不是一种宗教的真理的证据。还有什么宗教崇拜比埃及人的更荒谬的？可是又有什么教士比埃

① 保罗、台尔杜良、阿塔纳细亚、克立索斯顿、奥古斯丁、居卜良，这些是最初的基督教的奠基者、保卫者和传播者。

及的教士更开明的？！……不，我不能崇拜这根葱，它比别的蔬菜有什么特权呢？我若把我的敬礼滥施之于本来给我吃的东西，才是大傻瓜呢！一棵由我浇灌并在我们菜园子里生长并死亡的植物，竟可笑地成了神灵！……

“住口！可怜的人，你的渎神的话真使我发抖，这难道是给你去推理的？你在这个问题上知道得比那神圣的红衣主教团还多吗？你是什么人，竟敢攻击你的神灵，并且给他们的教士来上课？你难道比这些全世界都来求教的神谕更明白道理吗？不论你怎么反驳，我将真佩服你的傲慢或你的冒昧……”（圣奥古斯丁：《神城论》）

基督徒们永远不知自己真正的力量，他们完全可以把这些不幸的诡辩让给那些以诡辩为唯一手段的人去做！

“我们不要去理那些一般的从两方面都可以说而其实从两方面都不能说的东西。”（圣奥古斯丁：《神城论》）

榜样、奇迹和权威可以造成一些受骗者或伪善者：只有理性才能造成信仰者。

五十七

人们同意，要用坚实可靠的理由保护宗教，但对于那勇于揭穿坏理由的人总是极尽迫害之事。好的理由还不足以让我们成为一个基督徒吗？为什么还要些坏的理由呢？虔信的人们，我告诉你们，我并不是因为圣奥古斯丁是基督徒才做基督徒，而是因为做基督徒是合理的，所以才做基督徒的。

五十八

我了解那些虔信的人，他们是很容易惊慌的。如果他们发现一篇文章中隐含着某种与他们观念相反的东西，那我就等着受那些受他们崇信的千百个比我好的人的一切诽谤吧！如果我只是一个自然神论者和一个大罪人，那我倒不会吃多大亏。很久以来他们就谴责过笛卡儿、蒙田、洛克和贝尔，我希望他们还会谴责许许多多别的人。可是我向他们宣布，我并不觉得我比这些哲学家中大部分的人更诚实，也没自夸是更好的基督徒。我生在罗马的、使徒的天主教会之中，并且我以我全部的力量服从着它的决定。我愿意死在我祖先们的宗教之中，我相信它对任何一个从来没有和上帝有过任何直接交往及从来没有见过任何奇迹的人是一样好的。这就是我的信仰的告白，我几乎可以确定他们对这是会不满意的，虽然在他们之中可能没有一个能够给出一个更好的告白。

五十九

我有时也读阿巴第、于埃[①]及其他的人的作品。我对我所信仰宗教的那些证明是有着充分认识的，并且我承认它们是伟大的，但即使它们再伟大一百倍，基督教依然是没有证明的。那么为什么要强迫我像相信三角形三内角之和等于两直角一样来相信在上帝中有三个位格呢？一切证明对我应该能产生和它的力量程度成比例的一种确信。这跟几何学的、道德的和物理学的证明在我心中的作用应该是不同的，否则这种区别就没有什么意义。

六十

你为不信教的人打开一本书，你想凭借着这本书对他证明神性。但在开始考查你的那些证据之前，他一定会问你一些关于这本册子的问题。他将问你：这本书一直都是这样的吗？为什么它的篇幅现在没有几世纪以前那样多了呢？人们有什么权利把为别的教派所尊敬的这个或那个作品去掉，又把别的教派所摒弃的这个或那个作品保留着呢？你是基于什么偏偏给我看这一本呢？是谁引导你在这许多不同的抄本中做了这个选择呢？正是有这许多不同的抄本，才证明了这些神圣作家的作品并不是照它们最初的

① 阿巴第著有《论基督教的真理》；于埃著有《关于人类精神的弱点》。

纯粹的原本传到你们手中的。但如果正如你必须承认的那样，由于抄写者的无知，或由于异端的恶意，已把这些抄本弄缺失了，那么在证明神性以前，你就必须先把这些抄本还它个本来面目，因为你的证据总不会由一个残缺不全的册子来提供，我也不会靠这样的书册来建立我的信仰的。可是，你将要谁来做这种补充呢？教会吗？但是要我承认教会正确无误，只有给我证明了《圣经》上的神性才行。因此，你看，我就必须陷于怀疑论之中了。要克服这一困难，只有承认信仰的最初基础纯粹是人性的，承认稿本的选择，各段文字的订正，最后那册子的编成是照批评的规则行事的，而我也根本不拒绝照这些规则的可靠性的大小来对这些圣书上的神性增加某种程度的信仰。

六十一

正是在寻找证明时，我发现了一些困难。这些包含着让我崇信的最根本基础的书本，里面的一些内容让我有了不信的理由。那里有一个充满火药味的辩论现场。在那里，我看到了自然神论者武装起来反对无神论者；自然神论者和无神论者又和犹太人做斗争；无神论者、自然神论者和犹太人又联合起来反对基督徒；基督徒、犹太人、自然神论者和无神论者又跟伊斯兰教徒打架；无神论者、自然神论者、犹太人、伊斯兰教徒和基督教中的许多教派，又对基督徒群起而攻之，而怀疑论者又单独反对着所有这一切。我冷眼看着这些争斗，给出自己的判断：我拿着天平在这些争斗者之中衡量，天平的两臂随着加在它们上面的砝码或上升或下降。经过长久的摇摆之后，它倾向于基督徒这一边了。但它的重量只比相反一面超过了一点点。我自己是我的公正性的证人，在我看来，超过的重量非常小，这并不是我有意为之，我是真心诚意地在证明上帝存在的。

六十二

这种意见的分歧曾使自然神论者想到一种推论，这种推论用“奇怪”这个词来形容可能比“可靠”这个词更恰当。西塞罗想证明罗马人是世界上最好战的民族时，就巧妙地从罗马人的敌人口中取得了这种评判。高卢人，如果你们在勇敢方面比谁稍差一点，那会是谁呢？是罗马人。巴尔特人稍次于你们。什么人是最勇敢的呢？罗马人。非洲人，如果你们要怕什么人的话，你们会怕谁呢？罗马人。自然神论者对你说，让我们如他一样来问问其余的宗教信徒吧。中国人，如果不是你们的宗教最好，那么是什么宗教最好呢？自然宗教。伊斯兰教徒，如果你们要背弃穆罕默德的话，你们崇拜哪种宗教呢？自然教。基督教徒们，如果真正的宗教不是基督教，是什么宗教？犹太人的宗教。可是你们，犹太人，如果犹太教是假的，那么什么教是真的？自然教。可是，西塞罗接着给出一个推论：那些被人一致公认为居于第二位，而自己又不把第一位让与任何人的人们，无可争辩地是应当居第一位的。

哲学思想录增补

一

在宗教问题上，怀疑不应当被看作是不敬神的行为，而应当被看作好的事情，因为怀疑是由于一个人谦卑地认识到自己的无知，并且是由于害怕误用理性以至得罪上帝而产生的。

二

承认在人的理性与永恒的理性即上帝之间有某种契合，而又认为上帝要求牺牲人类的理性，这等于说上帝同时又愿意又不愿意。

三

如果说我们是从上帝那里取得理性的，而上帝又要求我们牺牲理性，这就像一个变魔术的人，把他给你们的东西使个障眼法又偷回去了。

四

如果我舍弃了理性，就失去了一个智慧的引领者，我将盲目地接受一种第二性的原则，并且假装确定那本身已是问题的东西。

五

如果理性是上天赋予人的东西，对于信仰我们也可以这样说，这等于是上天给了我们两种不兼容的而且彼此矛盾的礼物。

六

要解除这一困难，只能说信仰是一个幻想出来的原则，在自然中是根本不存在的。

七

巴斯葛、尼古拉以及一些别的人都说过："上帝因为一个有罪的父亲所犯的错误就以永恒的刑罚惩罚所有无辜的孩子们，这是一个杰出的并且和理性不冲突的命题。”可是，如果那明确宣告渎神的命题都是和理性不冲突的，那么什么是一个和理性冲突的命题呢?

八

我在夜间迷失在一个大森林里，只有一点很小的烛光来引导我。忽然来了一个不认识的人，对我说：“我的朋友，把你的烛火吹灭，以便更好地找到你的路。”这个人肯定是一个神学家。

九

如果我的理性是从天上来的，那么它对我所说的就是天上的声音，我就必须听从它。

十

结果的好坏与理性的运用没有关系，因为世界上的全部善意也不能帮助一个盲人辨别颜色。我不得不在有明显证据的地方看到明显证据，而在没有明显证据的地方看到缺乏证据，除非我是一个傻子，可是傻是一种不幸而并不是一种罪过。

十一

自然的造物主，既不会因为我曾是一个聪明人而给我报偿，也不会因我曾是一个傻子而给我惩罚。

十二

而他甚至也不会因你曾是一个坏人而惩罚你。怎么！还有比曾是一个坏人更不幸的事吗？

十三

一切道德的行为都会让内心感到满足，一切罪恶的行为则伴随着懊悔，对于一些命题的承认与反对，心灵既不存在羞愧也不存在懊悔，因此不论相信它们或摒弃它们都既无所谓道德也无所谓罪恶。

十四

如果要做好事还需要来自神的恩准，那么耶稣基督的死又有什么用呢？

十五

如果有十万人受罪以使一个人得救，魔鬼就会占了便宜，不会让他的儿子去死。

十六

基督徒的上帝是一个很重视自己的苹果而对孩子十分不在意的父亲。

十七

如果解除一个基督徒对于地狱的恐惧，你就可以使他放弃信仰。

十八

一种在一切时间一切地方使一切人都感兴趣的真的宗教，应该是永恒的、普遍的并且明显的，任何一种宗教也没有这三种性质，这等于是三倍证明了一切宗教都是假的。

十九

只有几个人能作证的事情，是不足以证明一种宗教应该为所有人同等信奉的。

二十

人们用来支持宗教的那些事情是古老而且奇异的，这就是说，用最可疑不过的事情来证明最不可信的东西。

二十一

用一个奇迹来证明福音，就是用一个违反自然的东西来证明一个荒谬的东西。

二十二

可是上帝对那些没有听说过他的儿子①的人将怎么办呢？他将惩罚那些无法听见的聋子吗？

① 指耶稣。

二十三

他对那些听见讲过他的宗教而没有能够理会的人又将怎么办呢？他将惩罚那些不能大步前进的侏儒吗？

二十四

为什么耶稣基督的那些奇迹是真的，而埃斯科拉庇俄斯、地亚那的亚波罗纽斯[①]和穆罕默德的那些奇迹就是假的呢？

二十五

所有当时在耶路撒冷的犹太人都因看了耶稣基督的奇迹而皈依了吗？根本没有。他们根本不相信他，而是把他钉上了十字架。必须承认这些犹太人真是一个少见的族群，人们到处都看到许多民族被仅仅一个假的奇迹所引诱去了，而耶稣基督虽有无数真的奇迹却对犹太民族丝毫无能为力。

二十六

应当加以重视的应是犹太人的不信奇迹这一奇迹，而并不是

① 埃斯科拉庇俄斯是古希腊医神；亚波罗纽斯是一个长于雄辩的显圣者。

他（耶稣）复活的奇迹。

二十七

恺撒曾经存在是跟二加二等于四一样可靠的，耶稣基督曾经存在也是和恺撒一样可靠的。因此，耶稣基督复活了，也跟他或恺撒曾经存在是一样可靠的。这是什么逻辑啊！耶稣基督和恺撒的存在可并不是一个奇迹。

二十八

我们在《居兰先生传》中谈到，说在一间屋子里起了火，“圣体”一到场，大火立刻熄灭了。就算是这样吧，可是我们同样也在历史中读到，一个修道士在一块圣饼上放了毒，一个德国皇帝吞下它立刻就死了。

二十九

在那圣饼上面除了面包和酒这些表面现象之外还有别的东西，否则就得说毒已进入耶稣基督的身体和血液了。

三十

这身体发霉了，这血液变酸了，这上帝就在他的祭坛上被蛆虫吞吃掉了。盲目的人民，愚蠢的埃及人，张开眼睛看一看吧！

三十一

耶稣基督的宗教，被一些无知的人宣传着，有了那些最初的基督徒。这一个宗教，为一些学者和博士宣讲着，在今日却只造就了一些不信的人。

三十二

有人说对一种立法权威的服从是不容抗辩的，这说法遭到人们的反对。可是，在这个世界上，哪里有一种宗教是没有一种同样的权威的呢？

三十三

是儿童时的教育禁止一个伊斯兰教徒去受洗礼，也是儿童时的教育禁止一个基督徒去受割礼，是人的理性使人同等地看不起洗礼和割礼。

三十四

《路加福音》中说，上帝圣父是比上帝圣子更大的，“父比我大”。可是，教会对这样明确的一段经文不以为然，痛斥那些照字面坚持他的父所立约书的字句的虔诚信徒。

三十五

如果教会当局可以任意处理像这样全部《圣经》中再明确不过的一段话的意义，那么也就没有一段是我们能自认完全了解的，没有一段教会不能在将来把它弄得全都合乎他们自己的心意。

三十六

“你是彼得，我要把我的教会建造在这磐石上。”[①]这话是出自上帝之口，还是“阿高老爷”的“乱弹”的东西呢[②]？

① 见《马太福音》，第十六章第十八节。这里利用了谐音，因为“彼得”原义就是“石头”或“磐石”。

② 塔布洛的《阿高大人的乱弹与杂感及高拉尔君的嘉言钞》，是一部充满了笑谈，同时又有很多真正科学知识的集子。

三十七

“你生产儿女必多受苦楚”，上帝对那不尽责任的女人这样说，而那些雌的动物又何曾冒犯于他，却在生产时也一样经受苦楚呢?

三十八

如果须照字面来理解“父比我大”，则耶稣基督就不是上帝。如果须照字面来理解“这是我的身体”，则耶稣就应是亲手把自己给了他的使徒们。这和说圣德尼在被砍头后还吻自己的头是一样荒谬的。

三十九

据说耶稣曾退隐到橄榄山，并在那里祈祷。而他向谁祈祷呢? 他自己向自己祈祷。

四十

“这位上帝，他使上帝死了以慰上帝”，这是那位翁当子爵[1]说得很出色的一句话。一百本对开本拥护或反对基督教的书，也不如这两行笑谈来得透彻。

四十一

说人是一种力量与软弱、光明与盲目、渺小与伟大的复合物，这并不是责难人，而是为人下定义。

四十二

人是一直是上帝或自然把他造成的那样的，又，上帝或自然是不做任何恶的东西的。

四十三

那我们称之为“原罪”（le Péché originel）的，尼侬·德·朗克洛[2]称之为“元罪”（le péché original）[3]。

① 翁当子爵，格斯高涅的绅士，旅行家。

② 尼侬·德·朗克洛（1620–1705），生于巴黎，是以机智和美貌出名的女子，她的沙龙里常聚集着当时有名的作家及大人物。

③ 法文original一词除有“原始”“本原”等意义之外，亦有“新奇的”“古怪的”“特别的”等意义，因此这里包含有对基督教“原罪”说的嘲弄之意。

四十四

引证几个传福音者之间的一致，真是无耻至极，因为有一些在这几部福音中很重要的事实，在另外几部福音中就只字未提。

四十五

柏拉图曾就三个方面来考虑“神性”，即仁慈、圣智和能力。要在这里不看到基督教的“三位一体”就得闭起眼睛。约三千年前，雅典的哲学家就已把我们叫作“圣言”的东西叫作“道”了[①]。

四十六

“三位一体”中的三位，或者是三种偶然属性，或者是三种本体，不会有其他的解释。如果这是三种偶然属性，我们就是无神论者或自然神论者，如果这是三种本体，我们就是异端。

---

① “圣言”就是“圣子”，是“三位一体”中第二位。“道”在原文中为“logos”（逻各斯），是哲学专有名词，意为世界可以理解的规律。

四十七

圣父认为人是须受他永恒的报复的，圣子则认为人是配受他无限的仁爱的，圣灵则保持中立。如何能把这种天主教的废话和上帝意志的统一性弄成一致呢？

四十八

很久以来人们就曾请神学家们把关于原罪的教条和上帝的无限仁慈调和一致，而它们到今天还是老样子。

四十九

如果从对一个罪人的惩罚中已不能得到任何好处，为什么还要惩罚他呢？

五十

如果就仅仅是为他本身而惩罚他，那就是很残酷而且很恶劣的了。

五十一

没有一个好父亲愿意像我们这个天上的父的。

五十二

在冒犯者和被冒犯者之间有着怎样的比例？在冒犯和惩罚之间有着怎样的比例？有着太多的野蛮和凶残！

五十三

这个上帝，为什么要这样大发雷霆呢？人们岂不是会说，我也能做点什么来维护或反对他的光荣，维护或反对他的平静，维护或反对他的幸福吗？

五十四

人们希望上帝使那完全不能反抗的恶人在一种绵延无尽的火中受焚烧，而人们却几乎不能允许一个父亲给一个拖累他的生命、他的荣誉和财产的儿子一种暂时的死亡！

五十五

基督徒们啊！那么你们对于善和惩，对于真理和谎言都是有两种不同的观念的。你们是最荒谬的独断主义者，或最过分的庇罗派。

五十六

人所能犯的全部罪恶并不是全部可能的罪恶，而只有能犯全部可能的罪恶的人，才能够得上受一种永恒的惩罚。为了使上帝成为一个无限地爱报复的实体，你们就把一抔泥土变成一个有无限能力的东西了。

五十七

听了一个神学家夸大着一个被上帝造得淫荡好色并与被上帝造得很讨人喜欢很漂亮的女邻居睡了觉的人的行为，人们岂不是要说：宇宙的四角都放了火吗？喂！我的朋友，听一听马可·奥勒留，你就会知道你是由于两段肠子淫荡的摩擦而使你的上帝发了怒。

五十八

这些残忍的基督徒译作“永恒”的字，在希伯来文中最初只是表示“经久”的意思。是由于一个希伯来语言学者的无知及一个解释者的残酷的个性，才有了那关于永恒受罪的教条。

五十九

巴斯葛曾说：“如果你的宗教是假的，而你相信它是真的，不会有丝毫危险；如果它是真的，而你相信它是假的，则须冒一切危险。”一个伊斯兰教教士可以和巴斯葛有完全一样的说法。

六十

说作为上帝的耶稣基督曾受魔鬼的引诱，这是一个可以收入《天方夜谭》的故事。

六十一

我希望有一个基督徒，尤其是一个冉森教派的人能使我感觉到上帝降生为人“对人有什么好处”。但如果要想稍稍利用这教条，也还是不应把打入地狱的人数扩大到无限。

六十二

一个年轻女孩子过着独居的生活，有一天她接受了一个带着一只鸟的年轻男人的拜访，她的肚子变大了，而人们就问是谁造成这个孩子的？问得好！是那只鸟呀！

六十三

可是为什么莉达的天鹅及加斯多和波鲁斯的小火焰[①]使我们发笑，而我们对福音中的鸽子和火舌却笑不起来呢？

六十四

在最初的几个世纪，有六十种福音差不多是同样地被人相信的。人们对其中五十六种已因其幼稚和拙劣而加以摒弃了，在那被保存下来的几种中就一点也没有幼稚和拙劣的东西了吗？

① 希腊神话，莉达为斯巴达王丁达尔之妻，为主神尤比德所爱，尤比德化为天鹅以取悦莉达。加斯多和波鲁斯为莉达与尤比德的双生子。

六十五

上帝给了人们一个最初的法律，然后他又取消了这一法律。这种行为岂不是有点像一个立法者自己弄错了，而经过一段时间又承认自己弄错了吗？一个至高至善的神难道应当变卦吗？

六十六

世界上有多少种宗教，就有多少种信仰。

六十七

世界上一切教派的信徒都只是一些异端的自然神论者。

六十八

如果人不生而有罪就是不幸的，那他岂不是命里注定了要来享受一种永恒的幸福，而凭他的天性又永不能使自己有资格享有这种幸福吗？

六十九

以上就是我对基督教的教条的一些想法。关于这种教条的教训，我将只说一句话，那就是，对一个天主教家庭的父亲来说，要是深信必须逐字逐句地按着福音书中的格言来行事，否则就会受所谓地狱的处罚，期待着某种困难以达到以人的软弱不可及的完善程度，我看不出对他的孩子除了一脚把他踏在地上踩个稀烂，或生下来就把他掐死以外，还有什么更好的选择。用这种办法他可以使他免于下地狱的危险，并可以保证他得永福，我主张这种行为绝非有罪，而是看作可无限嘉许的，因为它是基于父亲的爱，这种爱要求所有的好父亲要为他的子女做一切可能做的好事。

七十

既然把无辜者杀死是保证他们可获无限的幸福，而让他们活着则几乎一定是把他们奉献给一种永恒的不幸，那么宗教的训诫和社会的法律禁止杀害无辜，岂非是很荒谬并且很残酷的吗？

七十一

什么？拉·贡达莫先生为他的儿子种牛痘以保证他不出天花

是可以允许的，而把他杀了以保证他不入地狱就不能被允许？你真是开玩笑。

七十二

如果真理在少数人中间获得了充分的胜利，而这少数人是优秀的，那就应当予以接受，因为真理的本性并不在于使多数人喜爱。

古时候，在图尔纳特岛上，任何人甚至连祭司在内，都是不许谈论宗教的。在那里只有一个唯一的寺院，有一条法律明文禁止有两个寺院。在那里既没有祭坛，也没有塑像，也没有神像。一百个祭司，有一笔相当可观的收入，为这个寺院服务。他们既不唱，也不说，只是无比沉默地用手指指着一座金字塔，上面写着这样几个字：“会死的凡人们，要崇拜上帝，爱你们的兄弟并且使你们自己对祖国有用。”

一个人已被他的子女、妻子和朋友所辜负，不义的伙伴又让他倾家荡产并使他陷入困苦之中。满怀着对人类的彻骨憎恨和深刻的轻蔑，他离开了社会而独自隐居在一个岩洞中。在那里，他双拳抵在眼睛上，思索着一种配得上他仇恨的报复方法，他说：“这些坏东西，我将做些什么来惩罚他们的不义，并且使他们全都遭受他们所当受的不幸呢？啊！要是能够想出一个办法……使他们都怀抱着一个十分怪诞的妄想，使他们把这个妄想看得比他们的生命还重要，而对于这个妄想，他们永远不能懂得！……”立刻他从洞中跑了出来，大喊着：“上帝！上帝！……”无数的回声在他周围重复着：“上帝！上帝！”这可怕的名字就被从地的这一极传到另一极，而所有的人都惊愕地听到这名字了。首先人们匍匐下拜，然后他们站起来，彼此询问、争论、恼怒、痛斥、仇恨、互相杀戮，于是这个愤世者的夙愿就满足了。因为一个永远重要而不可理解的东西的历史，在过去就是这样的，在将来也还是这样。

对自然的解释

给准备研究自然哲学的年轻人

年轻人，请读一读这本书吧！如果你能够把这作品一直读到完，任何一本难懂的好的作品都不会再困扰你。因为我并不打算怎么教导你，而只想给你一种训练，所以你采取我的观念还是抛弃我的观念，于我无关紧要，只要这些观念占用了你的全部注意力就行了。另有更聪明的人将会教你认识自然的力量，我做的仅是让你知道自己的力量。再见。还有，请听完这句再离开：心里要永远想着自然和上帝不是一回事，一个人和一架机器不是一回事，一个假设并不是一件事实。并且确信：凡是你以为觉察到有某种东西和这些原则相抵触的地方，说明你根本就没有了解我。

在黑暗中

我们才能看清那在光明中的事物

——卢克莱修《论事物本性》第六卷

一

以下我将对自然展开论述。我将让这些思想就按它们在我思考中呈现的次序在我笔下次第出现，只有这样它们才会更好地表现出我的精神的活动和进程。这些思想，将或者是关于实验技术的一些一般观点，或者是关于一种现象的一些特殊观点，这种现象似乎占据了所有的哲学家，并且把他们分成了两种。我看到有一些有很多的仪器而很少观念，另一些则有很多观念而根本没有仪器。真理的利益将要求那些思考的人终于肯和那些行动的人结合起来，以便使勤于思辨的人免得从事劳作，使操作的人在他所从事的无限劳作中有一个目标。使我们的一切努力彼此联合起来并且同时被引向难以理解的自然，同时使得在这种哲学的联盟中，每人都充当一个适合于他的角色。

二

有一条在我们今天以最大的勇气和力量被宣布出来的真理[①]，是一个好的物理学家[②]决不会忘记且定会有好的结果的，即数学家们的领域是一个理智的世界，其中被人们看作严格真理

① 参看《一般的及特殊的自然史》第一卷，第一讲。——狄德罗原注

② 狄德罗时代所用“物理学”或“物理学家”的名词，有时是广义地指全部自然科学或自然科学家，有时则即指狭义的“物理学”或“物理学家”。此处系用广义。

的东西，当它们一被拿到我们的星球上来时，这种好处一定会被永远记住了。人们曾由此得出结论说：应该由实验的哲学，来改正几何学的计算，而这一结论甚至曾为几何学家们所认可。但以实验来改正几何学家的计算有什么好处呢？坚持实验的结果岂不是更简捷些吗？从实验结果中人们看到：各种数学，尤其是超越感性范围的高等数学，没有实验是根本不能得出任何精确的东西的。这是一种普通的为大众所熟悉的形而上学，其中物体都被剥夺了它们的个体性质，然后其余的或可以做一本大著作，或可叫作“实验在几何学上的应用”，或称“度量误差论”。

三

我无法知道运用在赌博中的聪明与数学中的天才是否有某种微妙的关系，但在特殊规则下的赌博和数学之间是有很大关系的。抛开由运气造成的不确定因素，或者把这点和由抽象所形成的不精确性相比，有些赌博是可以被看作一个不定系列要按照已知条件加以解决的数学问题。没有一个数学问题不能适用这同一定义，并且数学家的“东西”也和赌博者的东西同等地在自然中不存在。不论是这方面和那方面，都是一种由人约定的。当几何学家骂形而上学者时，他们绝不会想到他们自己的全部学问也只是一种形而上学。有一天有人问道：什么是形而上学者？一位几何学家回答道：就是一个毫无所知的人。化学家、物理学家、博物学家以及一切从事于实验技术的人，在他们的判断中也一样地过于愤激，在我看来几乎是在为形而上学报仇，结果几何学家落在了自己所攻击对象的营垒中。

有人说：所有这些关于天体的高深理论，所有这些理论天文学的巨大的运算，如果仍不免要布拉德雷[1]或勒蒙尼叶[2]来观察天空，那几何学到底有什么用呢？而我说：有福的是这样的几何学家。在他，一种穷尽了一切抽象科学的研究也一点不会减弱他对艺术的热爱。于他来说，贺拉斯与塔西佗将同牛顿一样熟知，他知道一条曲线的性质，也能感受一个诗人的美，他的精神和作品将属于一切时代，并且将获得一切学院的荣誉！他决不会看到自己跌进黑暗之中，他将根本就不会有“身未死而名先灭”这种担心。

四

我们正处在一个科学革命的阶段，由于我觉得人们更热衷于道德学、文艺、博物及实验物理学，我几乎敢下断言，不用再过一百年，在欧洲将数不出三个伟大的几何学家。这门科学将停止于贝努义们、欧拉们、莫柏都依们、克莱罗们、拉·封丹们、达

① 布拉德雷（1692–1762），英国天文学家，由于发现了“光行差”的现象，他第一个给地球绕太阳转动以充分的证明，1747年他又发现了地轴的章动。

② 勒蒙尼叶（1715–1799），法国天文学家，曾参与《百科全书》的工作。

朗贝尔们及拉·格朗日们[1]所达到的程度。他们将树立起赫拉克勒斯的界柱，人们将再不会超出此范围了。他们的作品将在未来的若干世纪中存在，就像埃及的金字塔一样，其中刻着象形文字的大石块使得我们对建造它们的人的力量和才能有着复杂且惊人的观念。

五

当一门科学刚开始出现时，由于社会上人们对发现者表示极度的敬仰，渴望亲自认识一种轰动一时的东西，也希望以某种发现来扬名，抱着同著名人物分享某种头衔的野心，人的心思都转到这上面去了。于是，一种学科就涌进无数性格迥异的人，这些人或者是些苦于无事可做的时髦人物，或者是些反复无常的人物，他们只为一时兴起而丢掉其他科学，想在这门时髦的科学中来获取他们在其他科学中无法得到的名誉。有些是把这当作一种职业，另外一些是为趣味所驱使的。这样许多人的努力联合起来，这门科学就迅速发展到了它所能达到的地步。可是，随着它的界限的扩大，敬仰的程度却日益缩小了。人们就只对那些做出

① 丹尼尔·贝努义（1700–1782），让·贝努义（1710–1790），欧拉（1707–1783），莫柏都依（1713–1765），克莱罗（1713–1765），拉·封丹（1705–1771），达朗贝尔（1717–1783），拉·格朗日（1736–1813），以上均系著名数学家。

贡献出名的人还怀有敬仰，于是这个人群就缩小了。一个发财机会已变得又少又困难的国度，人们也就不再去了。这门科学也就只剩下一些靠此赚钱吃饭的雇佣者以及若干有天才的人，他们在这一阵风过去以后仍旧能出名很长一段时期，虽然很长时间他们也没有新的成绩出来，他们永远把这些工作看作是给予人类以光荣的惊人的功业。这就是几何学的简要历史，也是一切将不再能教人什么或讨人喜欢的科学的简要历史，我甚至认为博物学也将步此后尘。

六

当我们来把自然无限繁多的现象同我们理解力的局限性及我们器官的粗糙相比时，除了看到我们工作进展的缓慢、在长久的工作中不时中断、天才的难得、连接重要事物的链条断裂，我们还能看到什么呢？……即使实验哲学可以世代延续下去，以至它所聚集起来的材料最后变成了一个超乎想象的数字组合，但离精确的数值还有万里之遥呢。如果这些现象都被我们认识了，那么要把我们用来指示各种不同现象的单独名词都包括进去，将需要多少册书呢？哲学的语言什么时候才能完全呢？当它完全了的时候，又有多少人懂它呢？如果上帝想要显示比自然界的奇迹更伟大，竟肯在他亲手制造的纸张上把宇宙的构造明示出来，你相信这本大书对我们会比宇宙本身容易了解些吗？

一位哲学家，以他所禀赋的全部脑力，也只是抓住了一位古代几何学家用以确定球形和圆柱形的关系的那些结论，他会懂得了这本大书中的多少呢？在他读懂的几页中，我们将得到一种测定精神能力范围相当好的尺度及对我们虚夸绝妙的讽刺。我们将可以说：费马[①]达到某页为止，阿基米德又多占了几页。可我们的目标是什么呢？是要做一件永不能完成的，或是远超乎人类智力之上的工作吗？我们岂不是比那些塞那尔平原的初民更傻吗？我们知道从地上到天上有无限的距离，然而我们还是要建塔，但怎么会想到未来的某一天，我们的骄傲如泄了气的皮球从而放弃这个工作吗？从哪里看出它在这地上住得太狭窄和太不舒服，就固执地要在高空中建造一座不能住的宫殿呢？哪怕它这样固执，就不会为语言的混乱所阻止吗？这种混乱在博物学中只是太显著并且太讨厌了。

此外，“实用”为一切划定了界限。“实用”将在若干世纪之后给实验物理学划定界限，正如它现在已差不多为几何学划定了界限一样。要给这种研究以若干世纪的时间，因为它的实用的范围比任何抽象的科学都更无限、更广阔，并且它毫无异议地是我们真正知识的基础。

---

① 费马（1601-665），法国数学家，被誉为“业余数学家之王”。

七

对于事物的评判还只存在我们的理智中时，这只是一些意见，这些意见也可以说是概念，它们可能是真的，也可能是假的，可能被认可，也可能被反对。它们只有在和外界的东西联系起来时才具有意义。造成这种联系的，或者是一串以许多实验连成的锁链，或者是一串以许多推理连成的锁链，这锁链一端连着观察而另一端连着实验。或者是一串以许多实验分布在许多推理之中而形成的锁链，就像一些重物悬挂在细线之上。若没有这些重物，那么空气中微小的振动都会令那根细线摇动起来了。

八

我们可以把在自然中没有任何基础的知识比喻为北方的森林，其中的树木都是没有根的。只要一阵风，一件轻微的事实，就把整个树木的森林及概念的森林推倒了。

九

人们几乎很难感觉到寻求真理的法则是多么严格，而我们的方法数量是多么有限。一切都归结到从感觉回到思考，又从思考回到感觉。不停地重新进入到里面去，又从里面出来，这是一种蜜蜂的工作。如果你不重新进入装着蜂蜡的蜂房里面去，你就白白地跑了许多地方。如果你不知道把这些蜂蜡做成蜂巢，你就白白聚集了许多无用的蜂蜡。

十

人类的不幸是研究自己比研究自然更容易更简捷。同样，理性是倾向于停留在它自身之中，而本能则倾向于四外散布。本能总是不停地观看、品尝、接触、聆听。想要获得实验物理学的概念，与其听一位教授的课还不如实际去研究一个小动物来得实际。在动物的行为中根本没有欺骗手段，它们趋向它们的目标而毫不顾虑它们周围的东西，如果它们使我们惊讶了，这根本也不是它们的本意。惊奇是一切伟大现象的第一个效果，这是需要哲学来解释的。在一个实验的哲学课程中所要做的，是要使它的听众更多理解，而不是使他更加惊愕。以自然的现象自豪，好像自己是这些现象的创作者一样，这等于是模仿编纂《试笔》这样伟大的人物，这个模仿者是不能听到蒙田的名字而不脸红的。人常常记得的一个伟大教训——即承认自己的不足。老老实实地说一声“我对这点什么也不知道”以取得旁人的信任，比之勉强要想说明一切，却又无力解释，使自己显出一副无知相，不是要好得多吗？一个人对他所不知道的就爽爽快快直说不知道，倒使我容易相信他试图向我说明的东西。

十一

什么样的情况下容易产生惊讶呢？就是在那其实只有一件奇事的地方，人们假定它有好多件。通俗来讲，就是人们以为在自然中人们数到多少个现象就有多少个特殊的事件，而其实自然也许就只产生过一个单独的事件。更有可能是这样的：如果自然必须产生好多个事件，则这些事件的不同结果也将是彼此孤立的；将有许多组彼此独立互无关系的现象；如果假设哲学是连接这些关系的锁链，也不巧在这里断开了。一个单独事实的绝对独立是和全体的观念不相容的，而没有全体的观念，哲学也就不存在了。

十二

自然似乎喜欢以无数不同的方式来变化同一机体。它只是在以一切可能的面貌产生了无数个体以后，才放弃专注于一个产品的品种。当我们来考察一下动物界，发现在四足动物中没有一种的一些机能和部分——尤其是内部的机能和部分，不是和另一种四足动物相似的时候，我们岂不是更倾向于自古以来就只有一个最初的动物是一切动物的原形，自然只是把它的某些器官拉长一下，缩短一下，形状改变一下，数目增多一些，或磨灭掉一些吗？试想手的五指并到了一起，而那种构成指甲的东西是那样丰富，一直扩大膨胀到把整个手都包起来盖起来，这样你所有的就不是一只人的手，而是一匹马的蹄子了[①]。当我们看到不管怎样的一种原形的外貌继续不断变化，使一个“界”以不可感觉的程度接近另一“界”，并且使这两“界”的“边界”（如果可以容许用“边界”这个名词的话，这里其实是并无实在的划分的）充满了，我说使这两“界”的“边界”“充满了”一些不确定的、模棱两可的东西，大部分被剥夺了这一“界”的形状、性质及机能，而披上了另一“界”的形状、性质及机能，又有谁不会怀疑所有的一切都来自己一个东西，而这个东西就是一切的原形呢？但是，不论对这一哲学的猜测是像包曼博士[②]那样相信为真的，或如布封先生一样痛斥为假的，人们也不能否认把它当作对实验物理学的进步将是最好的选择，这是理性哲学的进步，也是对有关有机组织现象的发现和解释所必需的假设。因为很显然，自然不能在各部分中保持这样的相似，并且在各种形状方面造成这样的变化多端，常常使那种它在一种有机体中掩藏起来的东西，不在另一种有机体中显露出来。这好比一个喜欢变换新装的女人，

① 道彭顿著《一般的及特殊的自然史》第四卷。——狄德罗原注

② 这是莫柏都依所用的假名。

她的各式各样不同的服装，有时让这一部分露了出来，有时又让另外一部分露了出来，这样就给那些跟踪她的人某种希望，希望有一天可以认识她的全貌。

十三

人们已发现了在两性之中有同样的精液，包含这种液体的部位已不再是秘密了。人们看到了当自然强烈地迫使一个女性找男性时，忽然来到女性某些器官中的那些奇怪的强烈的性欲[1]。在性的接触中，当我们来比较一下一方面的快感的征象和另一方面的快感的征象，而由于看到双方同等地具有特殊的、清楚的、引起脉搏跳动的亢奋状态，确定两方面的性欲都已得到满足时，我们不能怀疑是一样有相似的精液流出的。但在女人方面是在哪里并且怎样流出的呢？这液体最初是什么？它是循着什么路径流出的？这只有当自然——它并不是在所有地方都是神秘的——在另外一个物种中揭示出来时，我们才会知道。我们会认为它以两种方式中的某一形式呈现给我们：或是承载它的器官特别明显，或是在它流出时显得异常丰富从而使它开始流出的地方及流出的路径都显而易见。凡是我们在一个东西中已经清楚地看到的，不久也会在另一个相似的东西中显现出来。在实验物理学中，我们学

① 参看《一般的及特殊的自然史》中《谈生殖》部分。——狄德罗原注

会在大的现象中看出小的现象，同样在理论的物理学中，我们也学会在小的物体中认识大的物体。

十四

我把科学广阔的领域看作是一个广大的原野，其中散布着一些黑暗的地方和一些光明的地方。我们工作的目的，应该是扩大光明地方的界限，或者在原野中增加光亮的中心。一种是属于富于创造者的事，另一种则要有使事情日趋完善的智慧。

十五

我们有三种主要的方法：对自然的观察、思考、实验。观察搜集事实；思考把它们组合起来；实验则来证实组合的结果。对自然的观察应该是专注的，思考应该是缜密深刻的，实验则应该是精确的。这些方法结合起来是很难的，同样地，创造性的天才也是十分罕见的。

十六

哲学家看到真理常常只如拙劣的政治家看到机会一样，从秃着的一面看，他肯定说要抓住它是不可能的，而正在这时候，那行动者的手却碰巧就放到了那有头发的一面。可是必须承认在这些实验的行动者之中，有一些是很不幸的，其中有一位用了他毕生的精力来观察昆虫，却没有任何新的发现，而另一位只是顺便看了一眼，却看到了水螅[①]或雌雄同体的木虱[②]。

十七

难道宇宙间缺少天才人物吗？根本不是。是在他们之中缺乏深思熟虑及研究吗？更不是。科学的历史上充满了著名的名字，地球的表面覆盖着我们工作的纪念碑。那么为什么我们只有这样少的确定知识呢？是由于什么样的宿命，科学只有这样少的进展呢？难道我们就注定了永远只能是小孩子吗？我已经宣布过对这些问题的答案了。抽象科学占据最优秀的心灵时间太长而结果太少了，或者是人们根本没有研究那些必要的东西，或者是人们在他的研究中既没有选择，也没有观点，也没有方法。文字是无穷无尽地增加了，但对事物本质的认识却依然那样落后。

① 指特朗勃莱在1740年偶然发现了水螅。

② 指列文虎克（1632—1723）在1695~1700年间在显微镜下发见了木虱的胎生现象，据他说木虱是“没有和雄的交接而生出小木虱来的”。

十八

研究哲学的真正的方式，过去和将来都是应用理性于理智，应用理智及实验于感觉，应用感觉于自然，应用自然于工具的探求，应用工具于技术的研究及完善化，这些技术将被回馈给人民，好教育人民尊敬哲学。

十九

要使哲学在俗人眼中成为真正可尊重的，只有一个方法：就是为他指出哲学伴随着效用。俗人永远在问："这有什么用？"千万不要使自己处于不得不回答他说"不知何用"的境况。他不知道那使哲学家明白的和那对俗人有用的是两种极不相同的东西，因为哲学家的理智是常常为有害的东西所弄明白，而又被那有用的东西所弄糊涂。

二十

事实，不管它们具有什么性质，都是哲学家的真正财富。但理性哲学有一个偏见，就是认为那不知道数自己的钱的人，也许不比那只有一块钱的更富有。理性哲学在把它所占有的事实加以对照比较和联系方面所做的事情，实在是比在搜集新的事实方面所做的事情多太多了。

二十一

搜集事实和把事实联系起来加以分析比较，是两件很艰苦的事情，因此哲学家们对这两件事情就做了分工。有一些人毕生从事收集材料，这些人是有用的、劳苦的工匠。另外一些人是骄傲的建筑师，专门忙于让人动手来操作。但时间已推翻了理性哲学直到今天所建筑起来的几乎所有的建筑物，那满身灰尘的工匠，从他盲目挖掘着的地下，早晚会给这用脑力竖立起来的建筑物带来致命的一击，然后它就倒塌了。结果只剩下一些乱七八糟的材料，直到另外一个冒失鬼又企图来给它做一新的组合。对于建立体系的哲学家，自然也将如过去对伊壁鸠鲁、卢克莱修、亚里士多德、柏拉图一样，给予一种很强的想象力，一种很好的口才，一种以动人的卓越的形象来表现自己的观念的技术，这样的哲学家多么幸福啊！他所造的建筑物有一天可能倒下，但他的塑像将在废墟中屹立着，而从山上滚下来的巨石也不会砸碎它，因为它的脚并不是土做的。

二十二

理智有它的偏见，感觉有它的不确定性，记忆有它的限制，想象有它的模糊，工具有它的不完善。现象是无限的，原因是隐蔽的，形式也许是变化无常的。我们只是处在这样许多障碍的面前，并且自然又如此不合作，一种实验又很迟缓，一种思考又很受限制。哲学就是由这些组合而成并成为推动世界的杠杆。

二十三

我们对哲学做了两种区分，实验的和理性的。一种是蒙着眼睛的，永远在摸索着前进，去抓住一切落到它手上的东西，而最后碰到了一些贵重的东西。另外一种聚集了这些贵重的材料，并从事于把它们做成一个火炬，但这所谓的火炬，直到今天对哲学的用处，比那蒙眼摸索对哲学的用处还小些，而也应该如此。实验把它的行动增加到无限，它是不停地在行动中的，实验把理性用来寻找类比的全部时间都放在寻找现象上。实验的哲学既不知道从它的工作中什么东西将要出来，也不知道什么东西将不会出来，但它对工作却无丝毫懈怠。反之，理性的哲学权衡着各种可能性，稍有结论就立刻停止了。它大胆地说：光是不能分离的，实验的哲学听到了，并且在整整几个世纪中都在它面前沉默不语，然后突然一下指着那分光的三棱镜说：光被分离开了。

二十四

实验物理学纲要

实验物理学主要研究存在、性质及运用。“存在”包括时间、性状、生成、保存及毁坏。时间是关于经历、加入、排出、代价、预兆等等，性状是关于内部及外部一切显见性质的描写，生成是从最初的本原直到完善的状态，保存是关于固定在这一状态的一切方法，毁坏是从完善的状态开始到分散或萎败、分解或消融的所知的最后程度。“性质”是一般的或特殊的。那些为一切东西所共同，并且只在量上变化的性质我称之为一般的。那些构成这样一个东西的性质，我称之为特殊的，这些特殊的性质或者属于实体全部，或者属于分开的或分解的实体。“运用”扩展到比较、应用及组合。比较或者是以相类似的来比，或者是以不同的来比，应用应该是尽可能最广泛并且最多样的，组合是相似的组合或者是奇怪的组合。

二十五

我说相似的或者特殊的，因为在自然中一切都有它的结果，最荒唐的实验是如此，最合理的实验也是如此。实验的哲学，并不对自己提议什么，而要永远对来到它这里的东西感到满意。理性的哲学是永远什么都知道了的，甚至当它对自己提议的东西并不来到它那里时也是这样。

二十六

实验的哲学是一种纯朴的研究，它从不要求心灵有任何的准备。我们对哲学的其他一些形式是不能这样说的。大部分哲学方法喜欢让我们在其中伴有猜测的成分。实验的哲学则长久地压制着这种不良习惯，人们迟早会讨厌拙劣的猜测的。

二十七

观察的兴趣是在一切人身上都可以引起的，实验的兴趣只在富人身上才会更易引起。观察只要求一种感觉的惯常运用，实验则要求有源源不绝的费用。似乎可以希望那些大人物们，在他们所想出来的其他许多不那么可贵的倾家荡产的方法之外，再加上这一种方法。全方位地思考一下，与其被他们那些经纪人谋夺了财产，倒不如被一位化学家弄穷更好些；与其被那种他们不断地追求而总是得不到手的快乐的魔影所扰乱，倒不如被那种有时也可使他们愉快的实验物理学弄得头昏脑涨更好些。对那些财产有限，而自己想从事实验物理学的哲学家，我也很愿意给他一种劝告，就像我的朋友为一个美丽的妓女所诱惑时我给他的劝告一样："你就占有莱依丝（妓女名）吧，只要你不为她所占有。"

对那些心智发达，能够想出一些理论，并且足够富有，可以用实验来证实这些理论的人，我也将给他们这一劝告：你就有一个理论吧，我同意这一点，但不要让它支配了你——"你就占有莱依丝吧"。

二十八

实验的物理学，在它好的效果方面，就好比那位临终的父亲给他孩子的遗言：在他的田地里埋着一个宝藏，但他没来得及说出在什么地点。他的孩子们就来掘地，他们并没有发现他们要寻找的那个宝藏，但他们在那一季里获得了一次出乎他们意料的大丰收。

二十九

第二年，这些孩子中有一个对他的兄弟们说："我已经仔细地考察过父亲留给我们的那块地，而我想已发现了宝藏的地点。

让我来说一下我的推论，如果宝藏是埋在地里，那么在地的界墙内应该有某些记号，而我看到在向东的角上有一些特别的痕迹，那里的土似乎是动过的。由我们去年的工作可以确信，那宝藏绝不是在地表的，那么它一定是藏在地中心。让我们不停地掘，一直挖到我们拿到这吝啬鬼的宝藏为止。”所有这些兄弟，与其说被这推理的力量所吸引，倒不如说是被财富所吸引，于是就开始工作。他们已经挖得很深但没有任何发现，正要放弃希望并且开始发出不满的抱怨时，他们之中有一个忽然看见有些碎片在闪闪发光，就想到是发现了一个矿藏。实在，这是一个古时曾开采过的铅矿，于是他们就进行开采，并且获得很丰富的产物。由观察及由理性哲学的系统观念所提示的实验的结果，有时就是这样。那些化学家和几何学家也是如此，他们在固执地要解决一些也许不可能解决的问题时，常会得到一些比亟待解决的问题更重要的发现。

三十

长时间的实际操作习惯使那些最笨拙的操作者也有一种有灵性的预感。这全在于他们像苏格拉底那样自己骗自己，而且把它叫作“守护神”。苏格拉底有一个考察人及衡量环境的很奇异的习惯，以致在最微妙的境遇中，他能秘密地在自己心中做一种敏捷而正确的组合，随即做出一种猜度，最妙的是所猜的事情总是很准确。他判断人正如有鉴赏能力的人判断精美的作品一样，是凭感觉。在实验物理学中也是一样，我们那些实验的巨匠是凭本能的。他们经常这样切近地看到过运动中的自然，以致他们能相当精确地预测到他们以最奇怪的实验来论证它时它可能遵循的过程。因此他们要给那些来学习从事实验哲学的人们的最重要的帮助，与其说是教他们实验的方法、程序及结果，倒不如说是教给他们这种猜测的能力，凭这种能力，人们可以说远远地就感觉到一些未知的方法，一些新的实验，一些不知道的结果。

三十一

这种能力是怎样传授的呢？这需要具有这种能力的人亲自下去清楚地认识它是什么，用可以理解的、明白的概念来代替“守护神”这个词，并且把这些概念向别人清楚地解释出来。例如，假使他发现了设想对立或相似，或者觉察对立或相似，可能是一种便捷的方法，而这种便捷的根源，是在于当单独考虑事物时，对事物的物理性质有一种实践认识，或者当把事物联系起来考虑时，对事物彼此交互的效果有一种实践认识——于是他就扩充了这一观念，他将依靠记忆中呈现出来的无限的事实，而这将是关于曾在他头脑中经过的一切显得杂乱无章的东西的忠实历史。我说杂乱无章，因为对这一串基于这样一些对立或相似的猜测，用什么词好呢？这些对立或相似如此遥远，这样不可感知，如同对一个病人断续奇怪的梦都不会感到惊讶。有时没有一个命题是不可以反驳的，或者这命题本身就成了自己的绊脚石，或者是在它和在它之前或在它之后的命题的联系中可以反驳。这是一个不论在其假设的前提及其推论的结果中都这样脆弱不可靠的整体，常常令人不屑去做从这里推论出来的观察或实验。

三十二

例·第一组猜测

1. 有一种物体叫作“鬼胎”。这种奇特的物体生在女人体内，据说没有男人参与合作。生殖的神秘不论是以什么方式完成，一定是两性在合作完成的。这种“鬼胎”应是一种聚集：或是在与男人交合时从女人身上流出的所有物质的聚集，或者是在男人与女人的各种不同的接触中从男人身上流出的所有元素的聚集。这些物质，在男人体中本来是安静的，而流到并且停留在某些感情热烈、想象强烈的女人体中就不会在那里加热、激发并且活动起来吗？这些物质，有没有可能在女人体中本来是安静的，而由于男人的枯燥与无用，不会产生使人怀孕的和纯粹性欲的运动，或者由于女人的粗暴令引起的欲望被勉强压制就不会活动起来，然后从它们原来储存的地方出来，而后到达子宫之中，停留在那里，并且在那里自行组合起来吗？这种“鬼胎”难道不可能是从女人体内流出的物质，或者是由男人所供给的物质单独组合的结果吗？如果这种“鬼胎”是如我所假定的那样一种组合的结果，那么这种组合将也同样有和生殖的法则一样不变的法则的。因此“鬼胎”将是一种固定不变的构造。

让我们拿起解剖刀，把“鬼胎”打开，仔细看一看，我们甚至会发现那些“鬼胎”因某些有关性别的痕迹而有所区别。这就是我们可称为从不知道的东西到知道得还很少的东西的方法。那些从自然中曾经获得或正在取得实验物理学的天才的人，就具有这种惊人的非理性习惯。有许多的发现，就是靠诸如此类的梦想而得到的，要教给学生的就是这一类料事如神的本领，如果这也可以教的话。

2. 但是，人们随着时间的发展，发现了“鬼胎”是从来没有未经男人的合作而在女人体内生出来的，这样，我们对这异常的物体就可以做出一些新的猜测，比前面那些猜测有更大的可靠性。被称为“胎盘”的满布血管的组织，我们知道，是一个小圆帽形的像一种菌类那样的东西，在整个妊娠期间，都以它的凸出部分和子宫相连着的，脐带则有如它的柄，在分娩的阵痛中，这胎盘和子宫脱离开来，而当一个妇女很健康，她的分娩也很顺利时，胎盘的表面是平的。假定这些东西，不论它们的生成或形体构造，也不论它们的用途，从来都只是物体的抵抗力、运动的法则及普遍的秩序所决定它们那样的，而如果发生了这样的情况，就是这个小圆帽样的东西，它看起来只是粘贴在子宫上的，从妊娠一开始就一点一点地从边上脱开了，以致正好随着体积的增大，分离的程度也愈来愈大，这使我有了大胆的假设，这些完全脱空无所依附的边，将永远要靠拢来，并且要形成球形，而脐带被两种相反的力所拉着，一方面是那胎盘凸出的分离开的边要把脐带缩短些，而另外一方面是那胎儿的重量则要把脐带拉长，这样这脐带将比通常的情形短得多，而到了一个时候，这些脱开的边将完全连起来，而形成一种蛋一样的东西，在它的中心我们将看到一个构造奇特的胎儿，就像生出来的那种怪胎的样子，血管闭塞，缩成一团，并且像窒息了的样子，而这个蛋将依旧取得营养，直到它的重量终于使它表面还粘连着的一小部分也脱离开了，它就孤零零地落在子宫中，而也像母鸡生蛋一样被排出体外，它和鸡蛋本来有某种类似，至少在形状上很相像。如果这些猜测在一个“鬼胎”中得到验证，然而如果证明这“鬼胎”在女人体内生成而未和男人有任何接触的，那么显然这胎儿是在女人体内已经完全形成了的，而男人的行动只是协助其发展。

三十三

例 · 第二组猜测

假定地球有一个玻璃的硬核，就像我们有一位最大的哲学家所主张的那样[①]，并且这核外面覆盖着尘土，我们就可以肯定，由离心力的法则可以知道，游离的物体接近赤道，地球因此成为一个扁的球状，这种尘土在两极应该比在任何其他纬度都薄，以致也许这核在其轴的两端就裸露出来，而磁针指示的方向及北极光的现象应该正是由于这种特点，这种北极光可能只是带电的物质流。磁和电很像是出于同样的原因。为什么这不会是地球的旋转运动及构成地球的物质的能和月亮的行动结合的结果呢？潮汐、水流、风、光、地球的游离微粒的运动，甚至整个地球的外壳在其核上的运动等等，以无数的方式做着一种连续不断的摩擦，这些显然地并且不停地行动着的原因的结果，在许多世纪中造就了可视的东西。地球的核心是一大块玻璃，它的表面只是覆盖着一些玻璃磨损了的东西，一些沙和一些可以成为玻璃的物质，玻璃在一切物质中是最能摩擦生电的，为什么这地球的电的全部质量不会是所有这些或者在地球表面或者在它的核上所做的摩擦的结果呢？从这一般的原因，可以假设通过某种实验引出一种特殊的原因，这种原因将可以在两种巨大的现象——我是指北

① 布封在其《关于地球的学说》有此说。

极光的位置和磁针的方向——之间建立一种磁和电之间一样的联系，这种磁与电之间的联系的存在，是人们已经以单单用电而使没有磁性的针成为磁针而证明了的。人们可以承认也可以反对这些观念，因为它们仅仅只在我的理智中有实在性。它们坚实的可靠性要由实验来完成，并且要由物理学家来想象出这些实验，经实验后或者把这些现象分开解释，或证明它们是相同的。

三十四

例 · 第三组猜测

在人们发电的地方，那种带电的物质散发出一种刺鼻的硫黄的气味，对于这种现象，化学家们不是就有用武之地了吗？为什么他们没有用他们所掌握的一切方法来试一试充满尽可能多的带电物质的液体呢？人们只是还不知道含电的水是否比单纯的水能使糖溶解得更快或更慢。我们的炭火能使某些物质，如在炼铅中就会增加相当多的重量，如果电火多次用在锻炼中的金属上，让这种效果更明显，那么从这里不是可以得出电火和普通的火之间的一种新的类似之点吗？有人曾试验过这种异常的火是否会带给药剂某种性能，是否会使一种物质更有效验，让一种单方更灵验，但人们不是把这些实验老早就丢弃了吗？为什么电就不会改变结晶体的状态和它们的性质呢？有多少猜测可凭想象来提出，并且用实验来证实或摧毁啊!

三十五

例·第四组猜测

气象学中的现象:鬼火、蒸汽、陨星、天然的及人工的磷、霉烂及发光的木头,这些除了电之外还有别的原因吗?为什么人们不对这些磷来做些必要的实验来证实它呢?为什么人们就不想来认识一下这空气是否也和玻璃一样本身是个带电的物体,就是说它是只要摩擦并打击它就能发电的物体呢?谁知道空气中若充满了含硫的物质,是否就不会比纯粹的空气带电更多或更少呢?例如,可以将一根与空气接触面很大的金属棒,在空气中很快地转动,以用来发现空气是否带电以及这金属棒是否会从空气中获得电。如果在实验时我们燃烧硫磺及其他物质,我们可认识什么增加了空气的带电性质及是什么减少了这种性质。也许两极的冷空气是比赤道的热空气更容易感染电的,而因为冰是带电的而水则不带电,谁知道是否应该认为由于这些永久不化的大量冰块集结在地极附近,抑或是在两极比在别处更裸露,才有磁针的方向及北极光的出现这些现象呢?这两种现象似乎同样是由电而起的,就像在“第二组猜测”中已说到的那样。观察已经碰到了自然中一个最普遍最有力的能源,现在是要用实验来发现它的结果了。

三十六

例 · 第五组猜测

1. 如果把乐器的一根弦拧紧，并且以一个轻的对象把弦分成不等的两部分，但不会阻碍其中一部分的振动与另一部分的振动的联系，我们知道这一轻对象就决定了那较长的部分分成若干振动着的段，以至弦的两部分表现出一种和谐一致，并且较长部分的各段，每一段都是包括在两个不动的点之间的。

既然物体的发声并不是其较长部分的分为各段的原因，而两部分的和谐一致仅仅是这种划分的一个结果，我就曾想过，如果以一根金属的棍棒来代替乐器的弦，并且用力击打这棍棒，它也就会在它的长度中形成若干像肚子一样鼓起来的波峰和波谷，一切有弹性的物体，不论是不是能发声的，将都是这样。这种现象，人们以为是振动的弦所特有，其实是在一切击打中都会以一种或强或弱的方式发生的，这是属于运动的传递的一般法则。

在被触动的物体中，有许多无限小的振动着的部分，以及许多无限地接近的节或不动的点，这些振动着的部分和这些节，就是当一个物体被触动以后——有时并没有移动位置，有时是在位置移动停止以后——我们在这物体中用触觉可以感觉到的那种颤动的原因。这一假定是符合下述这种颤动的性质的，就是被接触的物体，并不是与接触者的能感觉部分的全部表面相接触的整个表面都在颤动，而是以散布在被接触的物体表面的无数的点，在无数不动的点之间在振动着的，看起来很显然，在有弹性的连续的物体中，均匀地分布在全部质量中的惯性力，在任一点中起着对于另一点的一个小障碍物的作用。假定一条振动着的弦被击打的部分是无限的小，并因此振动的波也无限的小，波峰也无限的接近，则我们就照着一个方向并且可以说仅仅在一条线上，有了一个立体的物体被另一立体的物体所冲击时在所有各方面发生的情况的缩影了。

振动着的弦的被隔断部分的长度一经确定，就没有任何原因能够在另外的部分增加不动的点的数目了，既然不论敲击的力量有多大，这点的数目总是一样的，并且既然只有振动的速度在物体的冲击中有变化，那颤动将会较强或较弱，但不论冲击的力、物体的密度以及各部分的合力有多大，振动的点和不动的点的数目的比例将是一样，并且这些物体中静止不动的物质的量也将是经常不变的。因此，几何学家要找出在一个被撞击的物体中运动分布的一般规律，只要把对于振动着的弦的计算推广到棱柱体、球体和圆柱体上就行了。这种规律直到现在也没人深入探究，因为人们甚至不曾想到这种现象的存在，而相反地倒假定运动均匀一致地分布在全体之中。在撞击中，颤动由感觉的路径指示出振动着的点分布在不动的点之间这种现象具有实在性。我说在撞击中，因为好像在没有发生任何撞击的运动的传递中，一个物体是像最小的分子那样被投掷出去的，并且运动是全体同时一致的，并且在所有这些情形中都是丝毫没有颤动的，这就使撞击的情形和别的情形有区别了。

2. 因为力有可以被分解的性质，我们总是可以把作用于一个物体的各种力还原到唯一的一个力，如果已知作用于一物体的力的量和方向，要决定由此而产生的运动，我们就发现这物体前进的方向，好像那力正经过重心，并且发现它又绕重心旋转，好像这重心是固定的，而那力环绕着这重心起作用，正如环绕着一个支点一样。因此，如果有两个分子彼此互相吸引，它们将依照它们的引力、形状等规则而一个准备受另一个的处置。如果这个有两个分子的系统吸引了一个和这系统彼此互相吸引的第三个分子，这三个分子也将依照它们的引力、形状等规则而准备接受处置，依此类推，还可以推到另外一些系统和另外一些分子。所有这一切将形成一个系统A，在这系统中，不论那些分子是否彼此接触，是在运动着还是静止着，它们都将抵制一种倾向于扰乱它们秩序的力，并且这种倾向是永远的。如果那扰乱的力一停止，系统就回复到它们最初的秩序，或者如果那力继续发生作用，就相对于它们的引力、形状等等的法则以及那扰乱的力的作用来重新排序。这系统A 就是我说的一个弹性的物体。在这一般的及抽象的意义之下，行星系统乃至宇宙也就只是一个弹性物体。混沌是不可能的，因为由于物质的原始性质，本质上就存在着一种秩序的。

3. 如果我们想着这系统A 是在真空中，它将是不可摧毁的，不可扰乱的，永恒的。如果我们假定它的各部分散布在广阔的空间里——正如那些性质，例如引力，当没有任何东西限制它们作用的范围时，就扩散到无限——这些部分，它们的形状将毫无变化，并且将为同样的力所推动并将重新自行安排起来，正如它们曾被安排起来一样，并且将在空间的某一点和时间的某一刻，重新形成一个弹性的物体。

4. 如果我们假定这系统A 是在宇宙之中，当然，就是在宇宙中其结果也还是一样，但因为一种条件的限制，在这里有时是不可能的，并且在宇宙的一般系统或弹性体中，组成成分的数目总是如此之大，以致我们不知道那些特殊的系统或弹性体原来是怎样的，也不知道它们将变成什么。因此，就不必以为引力在其中构成如我们这里所注意到的刚性和弹性，事实上是物质的这一属性在“真空”中就足以构成这些性质，并且产生疏散、密集以及一切依存于性质的现象，这一切难道不是很显然的吗？那么为什么这属性就不会是我们一般的系统中的这些现象的最初原因呢？在这一般的系统中，有无限的原因制约着这种属性，并且使得在特殊的系统或弹性体中的这些现象的数量变化无穷。这样，一个折叠起来的弹性体，只有当那使它的各部分向一个方向接近的原因，又使它们向相反的方向离开，以致它们再没有了彼此相互显著作用时，这弹性体才会断裂。

一个被撞击的弹性体，也只有当它的好些振动着的分子在最初摇动时就被弄得离开与它们混杂起来的不动的分子，以致它们再没有了以它们彼此的引力相互起的显著作用时，这弹性体才会爆裂。如果这撞击猛烈到足以使那些振动着的分子全被撞出了它们引力的范围之外，这物体就将还原为原来的那些成分了。

若一个物体所能经受的最强的冲撞，和那只引起最微弱的颤动的冲撞之间，存在一种或是实在的或是理想的冲撞，由于这种冲撞，物体的各个分离开了的成分将不再彼此接触，而它们的系统并没有摧毁，它们的排列也并没有打散，我们请读者自己去把同样的这些原理应用到密集、疏散等等之上去。

我们在这里将仅再指出一点，就是在由于冲击而起的运动的传递和没有冲击的运动的传递之间，是有区别的。未经冲击的一个物体的移动是它的所有各部分都同时一致地移动的，不论经由此路径而传递的运动量有多大，即使它是无限的大，这物体也不会毁坏，它将继续是完整的。直到有一个冲击，使得它的若干部分在其他一些仍旧不动的部分之间动了起来，而其最初的振幅就有这么大，以至那些振动的部分不能再回到初始状态，也不能再回到原来的排列系统为止，才算真正破坏掉了这个物体。

5. 前面所说的一切，其实都只是关于单纯的弹性体，即以同样的物质、同样的形状、为同等的力所推动并且依照同一引力法则而运动的微粒所构成的系统。如果其中某些性质是会变化的，则结果将有无数混合的弹性体。所谓一个混合的弹性体，我是指一个由两个或好几个系统合成的系统，组成这些系统的是不同的物质，有不同的形状，为不同量的力所推动，并且也许甚至依照不同的引力法则而运动，其中一些微粒排列在另一些之间，依照一种所有各微粒所共有的法则运动，并且我们可以把这个法则看作是它们的相互作用的产物。如果我们用某些方法，能把其中一种排列好的物质的所有微粒驱除出去而使这合成的系统简单化，或者是引进一种新的物质而使这系统有一个新的组合，使那新的物质的微粒排列在原系统的微粒之间，并且改变了所有微粒共同的法则，这样在这由微粒的不同排列而合成的系统中，其硬度、弹性、压缩性、疏散性及其他依存的性质，将会增加或减少，等等。

铅是几乎没有硬度、也没有弹性的，如果我们把它溶解，就是说，如果我们在构成铅的分子的合成系统中，安排进另外一个由空气、火等等分子合成的、构成溶解铅的系统，则它的硬度将更低而其弹性将增加。

6. 把这些观念应用到无数其他相似的现象上去，并以此完成一本巨著将是很容易的。最难发现的一点将是：一个系统的那些部分，当它们排列在另一系统的各部分之间时，有时把一个具有排列着的其他部分的系统驱除出去而使这系统简单化，就像在某些化学作用中所发生的，这种现象的作用原理是什么呢？依照不同法则的引力似乎不足以说明这现象，而那种排斥的性质是很难确认的。请看事情可能是怎样的：假设有一个系统A，是由B、C两个系统所合成，其中的分子是依照着为共有的某种法则使一些排列在另一些之中。如果我们在这合成的系统A中引进另一系统D，那么将发生以下两种情形之一：或者是系统D的微粒排列在系统A的各部分之间而并没有发生冲击，在这情形之下，系统A则为B、C、D三个系统所合成。或者是系统D的微粒在系统A的各微粒之间的排列中将伴随着冲击，如果冲击的情形是被冲击的微粒并不在最初的振动中被冲出它们引力的无限小范围之外，则在最初的片刻将有扰动或无限多的小的振动。但这扰动不久就将停止，那些微粒将自行排列起来，而从它们的排列中将得到一个由B、C、D三系统合成的系统A。如果系统B的各部分，或系统C的各部分，或两者一起在排列的第一时间受到系统D的各部分的冲击，并被冲出它们引力的范围之外，它们将和这系统的排列分离而不再回到其中来，而系统A则将成为一个由B和D两个系统合成的系统，或由C和D两个系统合成的系统，或者将成为一个单单由系统D排列着的微粒构成的单纯的系统。而这些现象的发生，都是有一定条件的，或使这些假设成为真的观念，或者被证实是荒谬的。

此外，我是由一个被撞击的弹性体的颤动出发而最终得出这个结论的。凡有排列的地方，分离将绝不会是自发的，而在只有组合的地方，才有可能出现自发分离。排列还遵守齐一的原则，甚至在一个由异质合成的整体中同样遵守此原则。

三十七

例 · 第六组猜测

人们要谨记一点，对自然的模仿一定要忠诚，否则艺术的产品将是平凡的、不完善的和软弱的。自然在它的演化中是顽强而且缓慢的。不论是谈到远离、靠近、联合、分界、软化、缩紧、硬化、液体化、溶解、消化，它总是以最不明显的方式向它的目标前进。反之，艺术则总是匆匆忙忙，疲惫不堪，并且做做停停。自然用了若干世纪才粗粗地制造出金属，艺术却想要在一天之内就使它们达到完美的地步。自然用了若干世纪才形成宝石，艺术却要在瞬间拥有那种光芒。仅有正确的方法是远远不够的，还要懂得运用它。如果以为用时间乘以作用强度所得的积既然是一样，其结果也将是一样，这就错了。只有一种按部就班的、缓慢的并且继续不断的作用，才会使事物起变化。脱离自然的其他任何方法的运用都只具有破坏性。如果我们也用和自然一样的方式来进行，就可知道我们现在得到的一些化合物是多么的不完善，也知道我们失掉了多少好东西啊！但人总是急于享受的，刚开始就想看到结局。因此就有了许多无结果的尝试，有了许多无用的花费和白吃的苦头，有许多为自然所提示而艺术因为离成功太远不愿尝试的工作。任谁从艾尔斯岩洞[①]中出来都会深信，凭着那些钟乳石在其中形成和补缀的速度，这些洞总有一天会被填满，而成了实心坚硬的一大块。哪里去找这样的博物学家，对这现象陷于沉思却没有猜想过，如果让水穿过土壤和岩石而一点一点地渗进去，让这水滴被充满在广阔的洞中，久而久之将形成一些白玉石、大理石以及其他石头的人造石矿，而其性质将随土壤、水和岩石的作用而不同呢？但如果没有勇气、耐心、劳力、花费、时间，尤其是如果对考古没有一点兴趣，以观赏者的态度来对待这些还留下这许多只得到我们无知无畏的赞叹的纪念物的伟大业绩，则我的这些意见又有什么用呢？

三十八

例 · 第七组猜测

人们尝试了很多次，总想把我们的铁改变成一种和英国及德国的钢一样的东西，以用来制作精巧的钢制品，结果都没有成功。我不知他们使用了什么方法，但却了解到他们所以要去做这一项伟大的发现，是模仿在冶铁工厂中很普通的一种操作方法并

① 艾尔斯岩洞，澳大利亚著名的旅游景点。

使之完善而成的。人们把这种方法叫作“装箱锻炼法”。这一方法就是要拿最硬的煤烟，把它捣细，用尿浸渍，再加上捣碎的蒜，切碎的破鞋皮及普通的盐；然后用一只铁箱，在箱底铺一层这种混合物，在这种混合物之上铺一层各种铁器的碎片，在这层上面又铺一层上述的混合物，这样一层一层铺上去，直到把箱子铺满，然后用箱盖把它压好，在它外面再仔细地涂上一层捣过的黏土和兽毛、马粪的混合物，然后把它放在一堆和它的大小相称的煤炭中心，把煤炭点燃，保持火一直在燃烧，三四个小时之后，把箱子拉出来，打开，让里面装的东西一块一块地落到提前准备好的清水里去，一边落一边搅动水。这些冷却后的块状物就是箱里锻炼出来的，如果把它们打碎几块，就可发现它表面有薄薄一层变成一种很硬的钢和一种很精细的颗粒。这个表面有一种更亮的光泽，若用工具把它打磨成什么样子，它也更能保持。如果我们也像“装箱锻炼”那样用火来烧，而那些东西“一层加一层”地铺上并经过很好的选择，很好的加工，打成如铁皮那样的薄片，或者用很细的铁棒，在从炼钢的炉中出来时把它赶紧放进一种适合于这一操作的水流之中，尤其如果我们把最初几次实验托付给一些细心的人，他们久已习惯于用铁，惯于知道它的性质并能补救它的缺点，因而将不会缺乏使操作简单化的方法，并且会找到更适合于这一实验的材料——这样我们岂不是可以推想，它将会变成钢了吗？

三十九

公开讲授实验物理学的内容真的足以引起这种哲学的狂热吗？我才不信呢。我们那些教实验课的先生很像某种人，因为有很多人在他的餐桌上，他就以为已经请人吃了一次大餐了。因此应该主要地致力于引起食欲，以便有许多人由于为满足这种食欲的欲望所驱使，将会从学徒的地位过渡到业余爱好者，又从业余爱好者过渡到职业的哲学家。但愿这些与科学进步对立的陋习被舍弃，并使之远离一切公众人物！无论是内容和方法都应该揭示出来。发现那些新方法的发明人，在他们的发明中让我们看到了何等伟大！可他们故作神秘的样子又让人看起来多么渺小啊！如果牛顿早点把他的发现说出来，正如他的光荣和真理的利益所要求的那样，则莱布尼茨也不会和他分享发明者的名誉了[①]。这位德国人是想着设计一个工具，而这位英国人却在用他发明的惊人的应用使科学家们惊讶以自娱。

在数学中，在物理学中，万全之策是首先把发现公开以确立所有权。此外，当我要求揭示方法时，我指的是已经获得成功的方法，至于那些没有成功的方法，则是愈少说愈好。

---

① 指关于微积分究竟谁先发明的争论。

四十

仅有揭示是不够的，还要保证这种揭示是清楚且完备的。因为我们知道有一种晦涩叫作“大师们的装模作样”。这是他们喜欢在人民和自然之间拉起的一道帷幕。若不照顾对名人应有的那种尊敬，我要说在施塔尔[①]的若干作品中和牛顿的《数学原理》中存在着的晦涩就是这样的。这些书所要求的，只是被人了解，以便估计它们有些什么价值，而作者完全只需一个月的时间就可以让他们的作品通俗易懂，这一个月时间也许可节省一千个聪明人三年的工作和劳累。因此几乎有三千年可以用来做别的事情的时间就白白浪费了。

让我们赶紧使哲学大众化吧！如果我们希望哲学家们向前迈进，就得让他们放低身段以接近普通大众。他们会不会说有些作品是永不能为常人的智力所能及的？如果他们这样说，只能说明他们不知道良好的方法和习惯会产生的结果。如果可以容许某些作者晦涩，人家也许该责备我在这里替我做辩解了，但我还不具备一个所谓的形而上学者的学识。那种高度的抽象是只包含着一线模糊的微光的，概括的作用倾向于剥夺概念中所有一切可以感觉得到的东西。随着这种作用的向前发展，可感觉的部分就自行消失了，这些观念一点一点地从想象的领域退到理解的领域，

① 施塔尔（1660–1734），德国化学家兼医生。

观念变成纯粹理智的东西了，于是这种思辨的哲学家就像那种从高耸入云的山顶向下俯视的人，平原上的东西在他面前已经不见了，留给他的就只是他的思想的景象及自己高高在上的意识，意识到他已升到那样的高度，而这个地方也许并不是所有人都可与其栖息的。

四十一

即使我们不给自然多加上一些神秘的帷幕，自然的帷幕难道还不够厚吗？技术的困难难道还不够多吗？你打开富兰克林的作品[①]，阅览一下化学家们的书籍，就会看到实验的技术是多么要求有眼光，有想象，有智慧，有策略，仔细地读一读这些书吧！为了一项实验的成功，书中用到的方法可以说是千难万险，如果你真的可以学会一些实验方法的话，一定是在这类书中学会的。如果由于缺乏天才，你需要一种专门的方法来引导你，那么你就在眼前放一张迄今人们在物质世界中已认识的那些性质的表，在这些性质中看看哪些是可能适合你要拿来实验的物质的，证实这些物质中确有这些性质，然后就尽力来认识它的量，这种量几乎总是用一种仪器来衡量的，对于和这物质相似的一部分的衡量可以一律用到全体去，不要中断，也不要停止，直到完全穷尽为

① 指富兰克林的《关于电的实验及观察》。

止。至于它们的存在，则是以一些没有被提示出来的方法来证明的。但如果你一点也没有学到应该怎样去找，至少知道人家找的是什么，也已经是个好的开始了。

此外，有些人不得不发现自己所做的一切都是徒劳，或者是由于充分证明了要发现任何东西的不可能，或者是由于他们对别人发现的一种妒忌，这些都会让他们陷于悲伤的情绪中。还有一些人总是耍小聪明来显示他取得的少许成果——这些人终将抛弃一种他们所研究的，因为这对科学本身没有好处，同时于他们也没有光荣的科学。

四十二

当人们任头脑中形成了一种需要以实验来证实的系统时，需要有一个清醒的意识，就是既不可过于执着，也不要轻易放弃。当人们还没有用适合的方法来知道自己的猜测是真的时，他有时以为它们是假的。即使是这种情况，固执比起相反的另一极端来也要好很多。由于多次的试验，如果人们没有得到自己想要的结果，但可能有更好的结果也未可知，用来探究自然的时间是从不会完全白费的。对于某一观念的验证要看它与已被证明了的相似程度，那些绝对荒诞不经的观念只需试一次就够了。而对那些有点像是真的观念则应该多给它们一点机会，而对那些可能得到一种重要发现的观念，则应该只在用尽一切方法而不得时才可放弃。在这上面似乎是丝毫用不着教条的，人们自然会依照从那里得到利益的多少而决定从事研究的程度。

四十三

哪怕一个系统只是依靠一些空泛的观念、轻率的猜想、骗人的类比，并且甚至（因为应该这样说）是依靠一些为热昏了的心灵很容易当作亲眼看见的东西的幻想，在没有经过反证以前也不要放弃。在纯粹理性的哲学中，真理每每总是出现在错误相反的另一端。同样地，在实验哲学中产生了人所期待的现象的，也许不是人们试做的实验，而是它的反面。应该把注意力主要放在正相对立的两点上。因此，在前面的一组猜测中，在把带电的球的赤道盖起来之后，应该再把两极盖起来，而让赤道裸露着，因为有必要使实验的球和自然的地球尽可能地相似，用来遮盖两极的物质的选择也不可马虎。也许在这里该用大质量固体来做弹性实验，这在实施上是没有什么不可能的，同时还可能在实验中产生某种异常的并且和人想要模仿的东西不同的新现象。

四十四

所有的实验都要不停地反复地做，以弄清各种情况的细节，并认识其界限。应该把那些实验转施之于各种不同的对象，使它们更复杂，并以一切可能的方式把它们联合起来。只要那些实验是散乱的，彼此孤立的，没有联系的，不能简化的，这“不能简化”本身就证明了还需要再做。然后就专一地盯住某一对象，直到我们可以得到随时想要的那种现象，以至现象中有一个一经知道，所有其他的都可以重复操作了。首先我们致力于结果的简化，然后我们再去想原因中可简化的，结果从来都是靠把原因增多才能被简化的。在人们用来解释一个原因可能产生的结果的所有方法中，伟大的艺术就是能够很好地把那些期待它产生一个新现象的和那些将换个方式出现的旧结果区别开来。

无限地从事改头换面的把戏，就是使自己精疲力竭而并未前进一步的原因。一切实验，凡没有把法则扩大到某种新的事例，或没有用某种例外限制了法则作用的范围，都是毫无意义的。要认识一个人的实验的价值，最简捷的方法就是把它作为一个二段论法的前提，而后考查其结论。其结论如果和人家从另一实验中已经得出的恰好一样，那就什么也没有发现，这个发现最多也就是印证了一下已有的发现罢了。一本好的实验物理学的大书，一定能用简单的规则简化成很少几页，而有很多小书，用这种规则来书写的话可能就没有了。

四十五

用数学举例，在考查一条曲线的所有性质时，我们发现那只不过是表现在不同面貌下的同一性质，所以在自然界中，当实验物理学更加进步时，我们也将遇到一切现象，不论是关于重力、弹性、引力、磁或电的作用，都不过是同一作用的不同样子。但是，在人们归之于这些原因之一的那些已知的现象中，有多少现象亟待发现，以便使之形成联系，添满未知部分及证明同一呢？这是不能完结的。也许有一个中心的现象将放射出光芒，不仅照在我们已得到的那些现象上，而且还将照在许久以后才会被人发现的现象上，它把这些现象都联系起来并将形成一个系统。但由于缺乏这一彼此沟通的中心，它们将仍旧彼此孤立，一切实验物理学上的发现都只是插入其间而使它们接近，而从不能把它们联结起来，而当这些发现达到了把这些现象联结起来时，它们将形成连接所有现象的一个环，其中我们将不能区别哪一个是头，哪一个是尾。实验物理学的工作如同一个迷宫，理论物理学因为辨不清方向则在迷宫中转个不停，这一奇怪的情形，也没什么奇怪的，这在数学领域已经发生了。我们在数学中，或用综合或用分析，经常发现一些把一条曲线的根本性质和它的最远的性质分开的介乎中间的命题。

四十六

我们还经常看到一些骗人的现象，第一眼看起来，似乎是推翻了一个系统，而经过更深入的研究后，结果却是证实了这个系统。这些现象变成了哲学家最感头痛的东西，尤其是当他预感到自然不过使用了个障眼法，并以某种异常且秘密的结构而逃过他的猜测时，更让哲学家头痛不已。凡一个现象是好几个协同一致或互相对立的原因的结果时，其造成的麻烦就可想而知了。如果这些原因是协同一致的，我们将发现，这现象的量，对我们所做的假设来说是太大了；如果它们是互相对立的，则这种量又太小了。有时甚至这量将变成零，现象竟消失不见了，而我们不知道自然的这种任性的缄默到底是为什么。我们来猜一猜它的缘由吗？根本不会有什么进展。必须致力于把这些原因分开，把它们的作用的结果拆开来，而把一个很复杂的现象还原为单纯的现象，或者至少是以某种新的实验来弄明白这些原因的复杂性——或协同一致或互相对立。这种实验做起来常常是很精细的，有时是不可能做到的。于是这系统就动摇了，哲学家们就分化了，有些仍旧抱着这系统，另外一些则似乎被和这系统相矛盾的实验所迷惑了，于是人们就开始争论，直到人们的聪明或者那种不断出现的而且比聪明更易产生结果的机会解除了这个矛盾，恢复了那些几乎被抛弃了的观念的荣誉为止。

四十七

必须让实验有它的自由，如果只是显示它能证明的方面而掩盖起它抵触的方面，那就是把它当作任意摆布的俘虏了。当人试做一个实验时，最糟糕的并不是心中存有一些观念，而是听任自己盲目地去做。人们只是当结果和系统相抵触时，才在他的考察中严格要求，这时他就丝毫不会忘记那能够改变现象的状态或改变自然的语言的东西了。在相反的情形中，观察又很包容，他在各种情况上都如蜻蜓点水，他一点也不想对自然提出反驳，他对它的第一句话就相信了，他丝毫不猜疑它可能说谎，这时送给他一句话再恰当不过了：“你的职务是询问自然，而你却使自然撒谎，要不然就是怕让它做出解释。”

四十八

当人循着错误的道路走时，越走得快，就离得越远。而当他在一条错的路上又不停地走了几个岔路以后，用什么方法回到正路上来呢？想来就是用尽所有力气也不可能了。虚荣心在此阻挡着而人并不自觉，由于固执于他的选择，就在所有周围的事物上都蒙上了一种幻觉，从而改变了所有东西的面貌。他不再把它们看作它们原来的那样，而是看作自己所以为的那样。不是改变他的观念来适应事物，而似乎是致力于改变事物来适应他的观念了。对这种方法的偏好，在一切哲学家中，没有比在那些“方法家”[①]之中更明显的了。一位方法家一旦在他的系统中把人放在四足动物之首，他就除了把人看作一个四足动物外，看不到他的天性中任何别的东西了。虽然他所赋有的伟大理性叫嚷着反对“动物”这个名称，并且他的构造也和“四足动物”这个名称相抵触，也不能阻止他；虽然自然已使他望向了天空，依然不能阻止他。这系统的成见反倒使他的身体屈向地面了。照这种成见看来，理性也只是一种更完美的本能，它认真地以为：当人发现他的手被变成了两只脚，却不再有脚的作用时，不过是习惯的问题罢了。

四十九

可是有些方法家的辩证法实在太奇怪了，非拿个样子出来看看不可。林奈[②]在他的《瑞典动物志》的序中说：“人不是一种

① 布封称一切从事机械分类的博物学家为“方法家”。

② 林奈（1707–1778），瑞典博物学家，建立了动植物命名的双名法，对动植物分类研究的进展有很大的影响。

石头，也不是一种植物，因此人是一种动物。人不是靠蠕动前行的，因此人不是一种虫。人不是一种昆虫，因为他没有触角。人没有鳍，因此不是一种鱼。人不是一种鸟，因为他没有羽毛。那么人是什么呢？他有四足动物的嘴，他有四只脚，前面两只是给他触摸用的，后面两只则用来走路。因此人是一种四足动物。”这位方法家又继续说：“诚然，按我的方法无法区别人和猴子，因为有某些猴子比某些人的毛还少，这些猴子也用两只脚走路，并且它们用脚和用手都和人一样。此外，我并没把说话作为一种区别的性质。照我的方法，我只承认了那些依靠数目、形状、比例及位置的性质。”逻辑说：“那么你的方法是错误的。”而博物学家说：“那么人是一种有四条腿的动物。”

五十

推翻一个假设，有时只要把它推到它所能达到的极端就可以了。我们把这方法在那位爱尔朗根的博士[①]的假设上来试一试。这位博士的作品，充满了奇怪的新观念，给哲学家们带来很大的麻烦。它的对象是人类理智能给自己提出的最大的对象，也就是自然的无所不包的系统。作者一开始就简单扼要地叙述了一下他的前辈的意见，以及他们用于解释现象的一般原则的不足之处。

① 爱尔朗根的博士，指包曼博士，亦即莫柏都依的化名。

有一些人只要求广袤和运动，另外一些人则认为在广袤上应该加上不可入性、可动性及惯性。对天体的观察，或更一般地关于大物体的物理学，已指明必须有一种力，凭着这种力，所有的各部分彼此照着某种法则伸张或内缩，而人们已承认引力与质量成正比，而和距离的平方成反比。化学上的最简单的实验操作，或关于小物体的基本物理性质，人们可以通过遵循其他法则的引力来证明。而因为用引力、惯性、可动性、不可入性、运动、物质或广袤不可能解释一个植物或一个动物的形成，所以哲学家包曼假定在自然中还有别的一些属性。他不满意于人们对没有理智的自然所产生的物质具有奇怪可塑性的解释，他不满意于以一种不可理解的方式作用于物质的低级理智的实体，他不满意于这些实体的创造和形成的同时性，这些实体仍然互相包含着，由于一个最初的奇迹的持续作用而在时间中发展着，他也不满意于实体的产生的临时性，这不过是一串时时刻刻反复重演的奇迹。

他曾想到，所有这些哲学意义不大的系统也许根本不会产生，要不是有一种毫无根据的恐惧，怕把一些我们知道得很清楚的性质归之于一个存在，而这个存在又是我们完全不可能真正了解的，而也许正因为这个缘故，并且不管我们的成见，才得以融入我们认可的性质中来。可是这存在是什么？这些性质是什么呢？要我来说吗？是啊，包曼博士回答说。有形体的东西就是这个存在，这些性质就是欲望、厌恶、记忆和理智，一句话，就是一切我们在动物中所看到的那些性质，就是古代人在“能感觉的灵魂”这个名称下所包括的那些性质，也就是包曼博士所承认的，保持着形状和质量的比例，在物质的最小的微粒和在最大的动物中都有的那些性质。他说，如果认为物质的分子有某种程度的理智是有危险的，那么假定在一头象或一只猴子中有理智和承认一粒沙中有理智，这危险将是一样大的。在这里，这位爱尔朗根学院的哲学家用尽了最后的努力，来避免使人猜疑他是个无神论者，显然他所以用某种热情支持他的假设，只是因为这假设在他看来可以满足解释最困难的现象，又不会得出一个唯物论的结论。要学习如何使最大胆的哲学观念和对宗教的最深的尊敬相调和，就得读一读他的作品。

包曼博士说上帝创造了世界，而如果可能的话，是要我们来找出他愿用来保持自己的法则和他决定了用来重新产生个体的方法。我们这里是一片自由的土地，可以说出自己的任何想法。以下是这位博士的主要思想。

种子元素，从一个有感觉、有思想的动物体中形成并分离出来，将带有某种对它原先的状态的记忆，从而完成了对物种的保存同时也遗传了父母的特点。可能发生这样的情况，就是在精液中有某些元素过多或缺少，以致这些元素由于遗失而不能互相结合或者是结合成了多余的奇怪元素，因此就有或者是不能生殖，或者是一切可能的奇怪生殖。某些元素一定会因某种方式的结合更容易而经常发生，因此，如果这些元素是不同的，就有变化无穷的微生物的形成。如果它们是相似的，就像那些珊瑚虫之类，我们可以把它比之于一群无限小的蜂，它们只对一种情况有生动的记忆，就会照着它们最熟习的这一情况互相结合并且继续结合在一起。当现有情况的印象平衡或消灭了对过去的记忆，以至对于全部情况已不在意，就不会再有生殖现象，因此，骡子就不能生殖。有谁会来禁止那些有理智而且能感觉的各原子部分无限地离开构成这物种的队伍呢？因此，就有无限的动物的种出于一个最初的动物，无限的存在物从一个最初的存在物流出，就有一个在自然界中唯一的行为。

但每一原子在互相聚集及互相组合中会失去它那微弱的知觉吗？包曼博士说，根本不会的。这些性质是它本质的东西。那么结果会怎样呢？一定是这样：从这些聚集并组合在一起的原子的知觉，会获得一个唯一的知觉、质量及成比例结构，而在这一知觉的系统中，每一原子将失去其本身的记忆而共同构建全体的意识，这一知觉的系统就是动物的灵魂。“似乎是从一切聚集在一起的原子的知觉中获得的唯一的知觉，比任何一个原子的知觉都强有力得多，完美得多，而它对这些知觉的每一个的关系，也许和有机体对原子的关系是一样的。每一原子，在它和其他原子的结合中，把它的知觉和其他原子的知觉混合了起来，而失去了它本身的特殊的感觉，我们没有了原子对原始状态的记忆，而我们的本原对我们也应当完全丧失了。”

在这里我们很惊奇地发现，这位作者或者是没有觉察从他的假设所得出的可怕的结论，或者是即使他已觉察这些结论的荒谬，但却不想放弃他的假设。现在就该用我们的方法来考查他的原则了。因此我将问他，这个宇宙或一切能感觉及能思想的分子的一般集合，究竟是形成一个整体还是不形成一个整体？如果他回答我说它根本不形成一个整体，因为引进了“无秩序”，用一句话就动摇了上帝的存在，而由于打断了联结一切事物的链条，就摧毁了哲学的基础。如果他承认这是一个整体，其中各个原子是有秩序地排列着，就正如各个部分或者是个别的，或者只是可理解的在一个原子中排列着，像许多原子在一个动物中排列着一样，这样他就得承认，由于这种普遍连锁的结果，这世界和一个大动物似的，也有一个灵魂。他得承认这世界既然可能是无限的，则这世界灵魂（我并不确定），可能是知觉的无限系统，而世界可能就是上帝。不论他想怎样抗议这些结论，它们总还是真的，并且不论这些卓越的观念能怎样阐明自然的奥妙，这些观念总还一样是让人害怕的。

只要把它们普遍化，就可以看出来了。这种普遍的做法对于形而上学的假设，正如观察和一再重复的实验对于物理学的猜测一样。这些猜测是否正确呢？越做实验，这些猜测就越被证实。这些假设是否真实呢？将结论推广开来，就发现真理就蕴含其中，结果就使得这结论更加可靠并更有力量。反之，如果这些猜测和假设是脆弱的和没有什么根据的，只要有一个事实或被一个理论反证，它们就破产了。包曼博士的假设，如果我们愿意，可用来阐明自然中最难理解的神秘，即动物的形成，或者范围加大，解释一切有机体的形成，而现象的普遍集合及上帝的存在则将是它的暗礁。虽然我们放弃了爱尔朗根的博士的这些思想，如果我们不把它们看作是一种深思的结果、一种对于自然的普遍系统的大胆假设，这位大哲学家的尝试，我们将不能真正明白他要解释的现象的晦涩难懂、他奔放的想象力及从他的假设所能得出的惊人结论，这一切为对于一个在任何时代都为第一流人物所从事的题目提供了新的猜测的价值，同时也重新设置了要成功地攻击他的猜测的困难性。

五十一

关于一种感觉的冲动

如果包曼博士当时把他的系统限制在正确的界限中，并且只把他的那些观念用在动物的形成上，而不扩充到灵魂的本质上（我认为从这里已经指明和他的意思相反，有些人可以把那些思想一直推到上帝的存在问题上去），他就不会因把欲望、厌恶、感觉和思想归入有机的分子而让自己陷于那种最诱惑人的唯物主义了。应该满足于只假定一种感受性，这种感受性比那全能的上帝给予最接近“无灵魂物质”的动物的感受性还小上千倍。由于这种迟钝的感受性和形状的不同，对于任何一个有机分子都将只有一种一切情况中最适合的状态，有机分子将以一种自发的不安不断地寻找这种状态，就像有时候，那些动物在昏睡中，几乎它们所有的机能的作用都停止了时，偶尔乱动也是为找到最适于休息的状态为止。只要坚持这一原理，就许可能以一种相当简单而没有任何危险后果的方式，满足他所要解释的那些现象，以及那些使我们所有的昆虫观察者都如此惊愕的无数奇事。并且他还可以给动物下个普遍定义：一个各种不同的有机分子的系统，这些分子由于一种和那曾创造一切的实体所给予它们的一种迟钝而微弱的触觉相似的感觉的冲动，从而自行组合起来，直到每一分子都遇到最适合它的形状和它的休息的地方为止。

五十二

关于仪器和度量

我们在别处已经指出，既然感觉是我们一切知识最不可靠的来源，因此了解我们可以依靠感觉的证据到什么地步，是很重要的。这里我们要再指出，对我们感官的辅助物或仪器的考查，也是必要的。即：要对新应用进行实验；漫长、辛劳而困难地观察。也许有一个使工作简化的方法：这就是捂住耳朵不听一种理性哲学的犹疑（因为理性哲学总是有许多的犹疑），而在所有的量中很好地认识度量的精确性到什么地步是必需的。有多少才智、劳力和时间浪费在度量上啊！而这些本来是很可以用来发现新事物的。

五十三

无论在仪器的改进还是发明中，有一点要特别小心，这是对物理学家无论怎样叮嘱都不过分的，这就是不要相信那些类比，决不要从多的里得出少的结论，也不要从少的里得出多的结论，要对所用的物质的所有物理性质都考查到。如果他在这方面疏忽了，他将永不会成功，而当他已很好地做了他的一切度量以后，还有一个很小的障碍，也许是他没有预料到的，或者是他所不重视的障碍反倒限制了他，而在他已认为完成了时，迫使他放弃他的工作，这样的情形不是经常发生吗？

五十四

关于对象的区别

既然心灵不能了解一切，想象力不能预见到一切，感官不能观察到一切，而记忆又不能牢记着一切；既然伟大人物要隔很久才产生一个，而科学的进步又是这样经常为那些革命所中断，以致若干世纪的研究都只是耗费在恢复过去几世纪的知识上——因此，模糊地观察一切，乃是人类的损失。才能出众的人们，应该在他们的时间的利用上尊重他们自己和他们的后代。如果我们只能传给后代一部完全的昆虫学，或一厚册记述微生物的历史，他们会怎么看待我们呢？给大的天才以大的对象，而把小的对象给小的天才。对这些小的天才来说，与其什么也不做，研究这些小的对象倒是一个最佳选择。

五十五

关于阻碍

对一件事仅凭向往是不够的，还得同时承受一切和你所向往的事物几乎不可分地联结在一起的东西，所以凡是决心献身于哲学研究的人，不仅要等着属于他的研究对象的本质的物理上的阻碍，而且还要等着将出现在他面前的许多精神上的阻碍，就如他之前的哲学家所遇到的。因此当他遇到阻碍、误解、诽谤、陷害、污蔑时，他应当对自己说："难道只是在我这时代，才有这些充满了无知和怨毒的人、这些为嫉妒所腐蚀的灵魂、这些为迷信所扰乱的头脑吗？"如果他也想对同胞们发出抱怨之声时，他也应当知道对自己这样说："我在这里抱怨我的同胞，可如果能询问他们大家，并且问他们之中的任一个人，他是愿意做《新传道书》的作者还是做孟德斯鸠？愿意做《给美国人书》的作者，还是做布封？[①]其中会有一个有一点辨别力的人可以做出毫不犹豫的选择吗？因此我一定有一天会得到那些为我所重视的赞赏，要是我有幸配得上这些赞赏的话。"

而你们这些取得了哲学家的头衔，或自命不凡的人，并且一点不耻于与讨厌的虫豸同伍的人，这些专以在他人工作或休息时来骚扰以度过朝生夕死一生的人，你们的目的究竟是什么？你们这样顽固恶毒，到底想干什么呢？当你们把那产生有名的作家和卓越的天才的民族中所余下的一点元气都赶尽杀绝后，你们将用什么来补偿它呢？你们将拿什么作品来补偿人类本来或可能得到的那些东西呢？……不管你们怎样，那些杜克罗们的名字，那些达朗贝尔们和卢梭们的名字，那些伏尔泰们、莫柏都依们和孟德斯鸠们的名字，那些布封们和道彭顿们的名字，将在我们之中和我们的后裔那里享受荣誉。若有人有一天也会记起你们的名字的话，那么他将会说："他们是他们那时代的最有名的迫害者，所以我们现在还保有《百科全书的序言》《路易十四时代的历史》

---

① 《新传道书》是当时冉森教派的一种刊物，孟德斯鸠的《法律的精神》出版后，该刊物曾领头反对，后来这批人也反对百科全书派。孟德斯鸠曾予以反驳。《给美国人书》是李涅亚克修道院长反对布封的一种小册子，控布封为不信神的人。

《法律的精神》《自然的历史》，只是因为这些迫害者力量有所不及，不能把它们从我们这里夺去。”

五十六

关于原因

如果仅从哲学的无助猜测和我们理性的微弱光亮来看，我们也许会认为原因的链条从未开始过，而结果的链条将没有终结。假定一个分子被移动了一下，它总不是由它自己移动的，它的移动的原因又有另一个原因，这另一原因又有另一个原因，如此下去，我们就不能在过去的时间中找到原因的自然的界限。假定一个分子被移动了一下，这一移动将有一个结果，这结果又有另一个结果，同样的，我们就不能在以后跟着来的时间中找到结果的自然的界限。心灵对于这种最微弱的原因和最轻微的结果及无限的进程感到恐惧，就只好以一种偏见来拒绝这一假定以及其他同类的假定，这一偏见就是认为什么都不超出我们感官所能及的范围，而在我们已再也看不到什么的地方，一切也就是停止的了。但自然的观察者和自然的解释者的主要区别之一，就是：在感官和仪器抛弃了自然观察者的地方，正是自然解释者开始的地方。他凭着现在的情形来猜测不可视的情况，他从事物现有的秩序得出抽象而一般的结论，这些结论在他看来是明显的、特殊的、正确的全部证据。然后他上升到秩序的本质，他看到一个有感觉和有思想的东西和任何一条因果链条的单纯并存，可他又无法给出一个绝对的判断，他就会停下来，如果他多走一步，那他就会出乎自然的范围了。

关于目的因

我们是谁，为什么要解释自然的目的？难道我们就丝毫没有意识到，我们几乎总是牺牲自然的能力而来夸耀它的智慧，而我们对它天赋的破坏，比我们可以给予它的要多吗？这种解释自然的方式是很坏的，甚至在自然神学也是如此。这是以人的想象来代替上帝的作品，这是把最重要的神学真理归之于一个假设的命题。其实最普通的现象也足以指明这些原因的探求是多么和真正的科学相反。假定一位物理学家，当人家问他乳汁的性质时，他回答说这是一种食物，当雌性动物已怀孕时在她体内开始准备，并且是自然决定作为即将出生的动物的养料的一种东西，这一定义能使我们懂得乳汁的形成吗？我知道曾有些男人可以让他们的乳房流出乳汁。上腹部及乳部的动脉的脉管接合①向我指明了就是乳汁使得胸部膨胀，女孩子们有时在快月经来潮时也会感到胸部膨胀得不舒服，几乎没有一个女孩子，要是肯让小孩来吃她的奶不会变成乳母的。我曾亲眼看到一个女性，年纪很小，没

① 这一解剖学上的发现是属于柏尔丁的，这是我们这时代最好的发现之一。——狄德罗原注

有与男人同居，她也没有被猥亵过，而她的乳头却胀满了乳汁，竟需要求援于通常的办法来消解它——当我知道了这一切时，我对于人家所说的产生这种汁液的原因以及随之而来的其他一些生理学的观念将怎么想呢？听到有些解剖学家把自然同样分布于我们身体上丝毫没有什么不名誉但需要遮掩的地方的一种遮盖物，认真地归之于自然的廉耻，这是多么可笑，另外有些解剖学家为它假定的用途，倒不像表扬自然的廉耻了，但也不是表扬自然的聪明。物理学家的职责是教育而不是影响，因此请放弃“为什么”，而仅从事于“怎么办”。“怎么办”是从事物中取出来，而“为什么”则是从我们的智力中取出来的，它是属于我们的那些系统的，它有赖于我们的认识的进展。有些冒失地为目的因辩护的人们用来颂扬“造物主”的那些颂歌中，有多少荒谬的观念、错误的假定、怪诞的概念啊！他们不具有“先知”的狂热，在夜间看到天上闪耀着无数星星时，高喊着“诸天述说上帝的荣耀”[1]，然后就沉迷于他们自己的猜测中了。他们不就自然事物本身来崇拜上帝的全能，却匍匐于他们想象的魔影面前。如果有人由于偏见而怀疑我的非难是否可靠，我就请他把盖伦[2]所写的关于人体各部分用途的论著和波尔哈维[3]的“生理学”来比较一

① 见《旧约全书·诗篇》。

② 盖伦，公元2世纪古罗马名医，提出了关于人类气质类型的理论。

③ 波尔哈维（1668-1738），荷兰莱顿大学医学教授，他把有机体看作只是一种机器。

下，再把波尔哈维的生理学和哈勒[①]的“生理学”来比较一下，我请后来的人把哈勒生理学中所包含的系统化的临时观点和接下来若干世纪将要变成的那种生理学来比较一下。人以他渺小的见解邀功于永恒的上帝，而上帝坐在宝座上静听着，上帝知道他的意图，接受他愚蠢的颂扬，而且为他的虚荣而微笑。

五十七

关于某些偏见

无论在自然的事实中，或在生活的环境中，没有一处不是一个敞开着让我们落进去的陷阱。我可以用大部分人认为适用于各民族的格言为证。人们说：**太阳底下无新事**。而这对于那坚持粗糙的表面现象的人是真的。但是这一格言，对于每日以抓住最难感觉的区别为己任的哲学家，又如何呢？那肯定整棵树上没有两片可感觉得到同样绿的叶子的人，对这格言会怎么想呢？有人考虑到要产生一种恰好这样颜色的浓淡，得有数目很多的原因，甚至已知的原因就有很多，因而主张不要把莱布尼茨的意见过分夸张，由于物体所在的空间点不同，再连同各种原因的数目之多，就已指明了在自然中也许从来没有过、并且也许将来也永远不会有两棵绝对地一样绿的草，持这种主张的人对于这格言又会有怎

① 哈勒（1708–1777），瑞士生理学家。

样的想法呢？如果事物是通过最不易知觉的微小差别而一个接一个地交替，那么永不停止的时间在漫长的岁月中，就应当在那些太古曾存在的形式、现在存在的形式和很远的多少世纪以后将存在的形式之间，放进最大的不同，而这“太阳底下无新事”之说，则只是一种由于我们感官的软弱无力、我们仪器的不完善及我们生命的短促而形成的偏见。在道德方面人们又说：“人心不同，各有其颜”。其实这话反过来才正确，见到相同的容貌太容易了，而同心的则真少见。在文艺方面，人们又说：趣味是不能争论的。如果把这话理解为不应该对一个人争论他的趣味怎样，这是幼稚。如果对这话的理解是说在趣味中没有好坏，这是错误。所以哲学家对这些通俗的格言总是严格考查的。

五十八

问题

想要相同，只有一种可能的方式。而要不同，则有无数不同的可能方式。说自然界的一切东西都是由一种完全相同的物质产生出来的，在我看来，这就像用同一颜色来表现一切东西一样，是不可能的。我甚至还要大胆猜测：现象的多种多样不可能是来自无论何种异质的结果。因此，我将把为自然现象的一般产生所必需的、各种不同的异质的物质称为元素，并且将把元素的组合的一个现实的一般结果或许多一个接一个的一般结果称为自然。各元素应该有本质上的区别，否则既然一切都可能回到同质，一切也就有可能是从同质中产生的了。有、曾经有、或将有一种自然的组合或一种人为的组合，在这种组合中，一种元素是、曾经是、或将是被尽可能最大的分割。在分割到最后状态的一种元素的分子，要具有绝对的不可分割性，因为这一分子的进一步分割既然是出乎自然的法则之外，并且也出乎技术的能力之外，到这时，能理解它的也只有理智了。自然中或在技术上可能最后分割的状态，参照全部现象，可能会想既然从本质上异质的各种物质并不是一样的，那么，有一些本质上不同的分子彼此结合在一块，可是它们自己又是绝对地不能分割的。那绝对异质的或基本的物质有多少呢？我们不知道。我们看作绝对异质的或基本的那些物质的本质区别是什么呢？我们不知道。一种基本的物质，在技术的产品中或在自然的作品中，其分割能达到什么程度呢？我们不知道。如此等等。我曾在自然的组合之外加上了人工技术的组合，这是因为在我们现在不知道或许将来也永不会知道的无数事实中，有一件对我们更加隐蔽的事实，这就是要知道：一种基本物质的分割，是否在某种技术操作中比它在听凭自然本身所做的任何组合中的分割状态更进一步。下面所谈的问题中，从第一个开始就可以看出为什么我会在一些命题中，加进了过去、现在和将来的概念，以及为什么我在给自然的定义中引进了传承的观念。

1. 如果现象彼此没有联系，哲学也就不会产生。即使现象是全部联系着的，其中每一现象的状态也不可能是持久不变的。但如果事物的状态是在一种经常的变迁之中，如果自然还在进行着它的缔造过程，那么，虽然有这链条联系着现象，也还是根本没有哲学。我们的全部自然科学就像任人随意排列组合的数字，而不会有一条让我们探寻的线索。我们认为这自然史，其实不过是短暂的不完整的历史。因此我问：金属是否一直保持了我们现在看到的样子？植物是否也一直保持着它最初的样子？动物是否一直保持着它开始时的样子？在对某些现象经过深刻的思考以后，怀疑论者们啊，人们或许将会原谅你们的一个怀疑，即世界并不是曾被创造出来的，而是像它曾经是并且将要是的那样存在的。

2. 动物界和植物界一样，单个个体被认为有开始、成长、延续、衰颓和消逝，那对整个的物种不也同样适用吗？如果信仰允许我们对动物的开始与终结有些不确定的想法，而不是认为它们现在的样子一定就是造物主造它们的最初样子，那哲学家岂不是可以猜想：动物性在永恒的时间中将它的那些特殊的元素，散布并且混合在物质世界中；曾经发生过这些特殊元素自行结合起来的情形，因为这不是不可能的；由这些元素形成的胚胎曾经过无数的组织和发展；它由于继承而有了运动、感觉、观念、思想、反省、意识、情感、情欲、符号、手势、声音、音节、一种语言、法律、科学及技术；这些发展的每一阶段都经过了几百万年；它也许还经受过其他一些我们所不知道的发展过程，有过其他一些我们所不知道的增长；它曾有过或将有一个稳定的状态；它由于必然的衰朽而脱离或将脱离这种稳定状态，当衰朽时，它的那些性能将从它内里出来，正如过去它们进入其中一样，它将永远从自然中消逝，也可能将继续存在于自然中，但其形式和性能将都和我们在这一时刻看到它所具有的完全两样。

宗教让我们省略了很多工作并走了捷径，如果宗教没有启迪我们世界的起源和事物的普遍系统，我们将会被引诱去做多少不同的假设来解释自然的秘密？全部真实的错误假设在我们看来就会显得几乎全都像是真的。“为何这个东西会存在”这一问题，是哲学能为自己提出的最麻烦的一个问题，而能回答他们的也只有天启。

3. 如果我们把注意力放在那些动物和它们所践踏的荒野的土地，注意那些有机的分子和它们在其中运动的液体，着眼于那些微生物和产生这些微生物并环绕着它们的物质，我们就会得到一个明显的结论，一般的物质是分成死的物质和活的物质的。可我们能制作出一种全部是活的或者全部是死的物质吗？活的物质永远是活的吗？而死的物质就永远是死的吗？活的物质就根本不死吗？死的物质就从不开始活起来吗？

4. 在死的物质和活的物质之间，除了有机组织以及运动的实在或表面的现象外，是否有其他的区别呢？

5. 那被称为活的物质的，就不会仅仅是一种自发运动的物质吗？而那被称为死的物质的，就不会是一种为别的物质所推动的物质吗？

6. 如果活的物质就是一种自发运动的物质，怎么可以让它停止运动而不会死去呢？

7. 如果有一种本身就是活的物质和一种本身就是死的物质，这两个原则是否就可以产生一切形式和一切现象呢？

8. 在几何学上，一个实数加在一个虚数上，结果得出的和是一个虚数，在自然中，如果一个活的物质的分子黏附在一个死的物质的分子上，新形成的个体将是活的还是死的呢？

9. 如果集合体可能是活的或者是死的，那么什么时候且为什么它将是活的？什么时候且为什么它将是死的呢？

10. 不论是死的还是活的，它总是在一种形式之下存在，这种存在的原则是什么？

11. 那些模型是形式的原则吗？什么是一个模型呢？它是一个实在的预先存在的东西呢，或仅是一个和死的或活的物质相结合的活分子的能设定了理智上的界限，即一切方向的能对一切方向上的抵抗力的关系所决定的那些界限呢？如果这是一个实在的和预先存在的东西，那么它是怎么形成的呢？

12. 一个活的分子的能是自己会变化，还是仅只照着它与之结合的死的或活的物质的量、质量及形式而变化呢？

13. 是只有一些活的物质和另一些活的物质有种类上的区别呢，还是全部活的物质本质上只是一种并且适合于一切的呢？对于死的物质我也提出同样的问题。

14. 活的物质是只和活的物质相组合吗？什么原因造成了这种组合？其结果如何？对于死的物质我也提出同样的问题。

15. 如果我们可以假定全部物质都是活的，或者全部物质都是死的，则除了死的物质之外，或除了活的物质之外，还会有别的东西吗？还是活的分子在失去生命以后就不能再获得生命以至再失去，从而无法达到无限吗？

当我把眼光转向人的工作，看到许多城市被建立起来了，一切元素都被利用了，各种语言固定了，各族人民开化了，许多港口建筑起来了，海洋被渡过了，地和天都被测量了，这时世界对我显得已很古老了。而当我发现人们对于医药和农业的主要原则，对于一些最普遍的物质的属性对他们所患的疾病的知识、对树木的修整、对犁的形式都还不能确定时，那地球看起来就像昨天才有人居住。而如果人们是明智的，他们一定将献身于有关他们福利的研究，而最快也要在一千年以后才能来回答我的这些无聊的问题，也有可能因为不停地想到他们在空间和时间中的渺小地位，他们将永远不愿回答这些问题。

祈祷文

我是从他们名为您的作品——自然——开始的，而我将以您在世间的名字——上帝——来结束。

上帝啊！我不知道您是否存在，但我是以您能看到的我的灵魂来思想的，我毫无保留地将自己的一切呈献给您。

如果我有时曾违反我的理性或您的法律而犯了罪，这让我生活在对过往的忏悔之中，但对未来我是坦然的，因为一旦我认识到了错误，您就已经把它忘记了。

在这世界中我丝毫不要求您什么，因为事物的过程是必然的，如果您不存在的话，或者是由于您的命令，如果您存在的话；我希望在另一世界中有您的奖惩，如果有另一个世界的话，虽然我在这世界中所做的一切，我都是为我自己做的。

如果我是善的，这是与生俱来的；如果我容许恶，是因为没想到您。

当我想您并不存在，或我相信您存在而您要发怒时，我情不自禁地要爱真理和道德，而恨谎言和罪恶。

我就是这个样子，是一种永恒而必然的物质的必然的有机部分，或许就是您的创造物。但如果我是行善的而且善良的，则对我的同类说来，这是由于一种有机构造的幸运，是由于我的意志的自由行动，还是由于您仁慈的援助，又有什么关系呢？

而每一次，（年轻人啊！）当你诵读我们哲学的这一信条时，你也会读到以下的话：

只有正直的人可以做无神论者。

身为坏人而否认上帝的存在，等于是法官又兼为当事人：这说明这个人害怕了，而他也知道应该怕一个报复者将来对他所做的坏事进行报复。

反之，认为以他的德行将来必有善报而自慰的善人，倒成了为反对他自己的利益而斗争。

一个是为维护他自己而作辩护，另一个是为反对他自己而作辩护。第一个永不能确定决定他有这种哲学推理的方式的真正动机。另一个只能惊异于他所能用以自欺的最甘美、最诱人的希望中竟存了一个相反的却无可辩驳的推理。

既然上帝曾允许，或者是被人叫作“命运”的那种普遍的机械原则曾要求我们在一生中经受各式各样的事件，如果你是一个明智的人，并且是比我更好的父亲，你当及早劝告你的儿子说他是他的生命的主宰，免得他抱怨你给了他生命。

关于物质和运动的哲学原理

我不知道出于什么原因，哲学家们竟假定了物质无所谓运动和静止。但对一点都没有异议了，即一切物体都是互相吸引的，各个物体所有微粒都彼此互相吸引，乃至这个宇宙中的一切都在移动或在自身内部运动，或者这两种运动同时进行中。

哲学家们的这个假定，也许和几何学家们的假定相类似，几何学家们是承认有“无长度、宽度、高度的点”，承认有“既无宽度也无高度的线、无厚度的面的”。他们讲的静止是一种物质对另一种物质的相对静止。

在一艘被风浪袭击的船里面，一切都是相对静止的。船里面没有一样是绝对静止的，连组成船和组成船中物体的那些分子也不是绝对静止的。

如果他们在任何一个物体中，既不能设想运动的状态，也不能设想静止的状态，那是因为他们表面上把物质看成同质的，他们把物质所固有的一切性质都抛开了，他们只考虑物质某一瞬间的性质，那是因为他们就一个集合体对另一个集合体的相对静止进行推论。可他们忘记了，当他们就物体无所谓运动和静止这一点进行推论时，大理石块却在趋于解体，他们用思想取消了那种推动一切物体的一般运动，又取消了物体之间的那种使物体全都消灭的特殊相互作用。那是因为这种无所谓运动和静止的情况，虽然本身不是真实的，却有暂时的真实性，它并不会使运动规律变成错误的。

根据有些哲学家们的说法，物体就其本身说来，是静止不动且没有力的。这是一个可怕的错误，违反了正确的物理学和化学。物体就其本身说来，就其固有的性质来说，不管从它的一些分子看，还是从它的全体看，都是充满着运动和力的。

他们解释说：想要运动，除了存在内部性质以外，还必须考虑一种作用于物质的力。其实不是这样的，具有这种性质的分子，本身就有一种活力。它作用于另一个分子，另一个分子也作用于它。

产生这种谬论的原因都是因为那个把物质看成同质的虚妄假设。你们这些如此坚决地设想物质静止的人，难道能设想火是静止的吗？自然中的一切都有它的不同的活动，就像你们称之为火的这一团东西一样。在你们称之为火的这一团东西中，每一个分子就有它的本性，它的活动。

静止与运动的真正区别，就在于绝对的静止是一个抽象概念，在自然是不可能存在的，而运动则是一种与长度、宽度和高度同样实在的性质。你们头脑中所想的事，与我有什么相干呢？你们把物质看成同质的或异质的，与我有什么相干呢？你们把物质的性质都抽掉，只考虑它的存在，因而认为它是静止的，与我有什么相干呢？你们因此去寻求一种推动物质的原因，与我有什么相干呢？你们喜欢研究几何学就去研究几何学，爱研究形而上学就去研究形而上学，可是我，是物理学家和化学家，只就物体在自然中的状态来思考，我把物体看成存在的、多种多样的、具有各种特性和活动的，物体在宇宙中活动就和在实验室中活动一样。在实验室中，有一个火星出现在由硝石、木炭和硫磺三种物质组成的分子附近，就一定会引起一个必然的爆炸。

重量不是使物体趋于静止的原因，而是一种使其趋于原地运动的原因。人们还说，要使物质运动，必须要施以一个力。是的，或者是分子外部的力，或者是分子内含的、固有的、内部的力，使分子具有火、水、硝石、碱、硫磺分子的本性，不管这种本性是什么样的，都会引起力的活动，引起这个分子从内向外作用的运动，引起其他分子作用于它的运动。作用于分子的力是会消耗的，但分子内部的力是决不会消耗的。这种力是不变的、永恒的。这两种力可以产生出两种内部运动：第一种是会停止的运动，第二种是从不停止的运动。因此说物体和运动有一种实在的对立，真是荒谬的。力的能量在自然中是守恒的，但是分子内部运动的总和与移动的总和是可变的。内部运动的总和越大，移动的总和就越小；反之，移动的总和越大，内部运动的总和就越小。就像一个城市失了火，移动的总和就立刻从一个很小的量增大到惊人的程度。

一个原子推动世界，这是确凿无疑的，其真实的程度和原子为世界所推动是相等的，因为原子有它本身的力，这个力一定会产生一个结果。如果是物理学家，就决不应当说作为物体的个体，因为这样就不再是研究物理学了，也就不会产生普遍适用的抽象结果。

不应当把运动和质量混为一谈。有大的质量和小的运动，也有小的质量和大的运动，一个空气分子便使一块钢爆裂，四颗炸药便足以分开一块岩石。

是的，当我们比较一个同质的集合体与另一个具有同样的同质物质的集合体时，当我们说到这两个集合体的作用和反作用时，它们的相对能力确乎是与质量成正比的。但是如果说到的是异质的集合体、异质的分子时，这个规律就不适用了。每一个构成物体的基本分子所固有的内部的力有多少不同的种类，就可能有多少种规律。

物体永远直线水平运动，这是什么意思呢？所有人都知道，有一种力，是我们所居住的地球上的一切分子所共有的，这种力以某一种垂直或近乎垂直于地球表面的方向压迫着这些分子，但是这种共有的力却有若干个其他的力与它抗衡着。一个烧热的玻璃管能使金属页片飞起来，一阵大风便使空气中充满尘土，热使水蒸发，蒸发的水附带着盐分子，当这块黄铜贴近地面的时候，空气便作用于它，使它的表面盖上一层锈，使这个物体开始解体，我对可见物体所说的话，也是适用于分子的。

每一个分子都应当看成实际上被三种力所作用：重力或引力及其本身所固有的内部的力的活动，如水、火、空气、硫磺的本性所固有的力的活动，以及一切其他分子对它的作用，这三种力可以是集合的，也可以是分散的。如果是集合的，那么分子便具有它所能禀赋的最强的活动。要对这种尽可能最大的力形成一个观念，也就是必须给出一堆荒谬的假定，把一个分子放在一种完全形而上学的情况中。

在什么条件下，才可以说一个物体的质量越大，它所受的阻力越大呢？并不是在物体的质量越大，它对一个阻碍物的压力便越弱这个条件之下。没有一个脚夫不知道情形是相反的，这只是相对于一个与物体的压力相反的运动方向而言的。在这个运动方向中，确实是物体的质量愈大，它所受的阻力越大。在重力的方向上，物体的压力或外力或趋于运动的方向，确实是与物体的质量成正比。这一切意味着什么呢？

我看见一个物体下落是毫不惊奇的，正如看见火焰向上升我不惊奇，正如看见水向各个方向流动，并且按照它的高度和面积而有着重量，我并不惊奇，因此我可以用适量的液体使最坚固的瓶子破碎，正如看见膨胀的蒸汽在帕宾器[1]中使最坚硬的物体粉碎。在蒸汽机中使最重的物体上升，我还是不惊奇。可是我把目光放在一般的物体上面，我看见一切物体都在作用与反作用中，都在一种形式之下破坏，都在另一种形式之下重新组合，我看见各式的升华、分解、化合，各种与物质的同质性不相容的现象。于是我得出结论：物质是异质的；自然中有无数不同的元素存在；其中的每一个元素都因其不同而有其天然的、不变的、永恒的、不可毁灭的特殊的力；物体内部的这些力对物体以外有作用，从这里便产生出宇宙中的运动或普遍的运动。

当我在驳斥那些哲学家们的错误和谬论时，他们在做些什么呢？他们坚持着一种也许为一切物质分子所共有的唯一的而且单一的力，我说也许，是因为我对自然中有这样一个分子根本就不会惊讶，它与另一个分子相结合，却使结合而成的东西更轻些。

每天我们可以在实验室里用一种不活泼的物体使另一种不活泼的物体挥发，而那一些人，却认为宇宙间的全部作用只是重力作用，从而得出结论，说物质无所谓静止或运动，或者竟说物质有趋于静止的倾向，他们自以为解决了问题，其实他们连问题都没碰到呢。

当人们把物体看成或多或少地有些抵抗作用，而不把它看成具有重量或趋向重心时，就已经承认了物体具有一种固有的力和

① 法国物理学家帕宾所发明的蒸汽罐。

内部的活动，但是物体还有许多别的力，其中有一些是向一切方向作用的，另一些则有着特殊的方向。要假定任何一个处在物质宇宙之外的实体，都是不可能的，千万不要做出这一类的假设，因为从这一类假设里是推论不出任何东西来的。

一切关于运动或速度不变的说法，都是针对着同质物质的假设的。可是这对于那些从物质的异质性里推论出物质中的运动的人，又有什么相干呢？假定一种同质的物质，是很容易造成另外一些荒谬的说法的。

对于事物的考察不要只看它在我们头脑中留下的印象，而要在整个宇宙中来思考它。就会相信现象的多样性，基本物质的多样性，力的多样性，作用与反作用的多样性，运动的必然性。只要承认了这些真理，也就不会再说：我把物质看成存在的，所以首先把它看成静止的。因为人们会感觉得出来，这是做出一种抽象，而从这种抽象里是得不出任何结论的。存在既不引起静止，也不引起运动，存在并不是物体的唯一性质。

一切假定物质无所谓运动和静止的物理学家，对于反作用都是没有真正理解的。要使他们能够从反作用中做出某种结论来，就必须假设这种性质是无分别地向一切方向作用的，并且它的能量在每一个方向都是相等的。像这样，反作用便是一种内部的力，便是每一个分子的内部的力了。但是这个反作用是多种多样的，物体可以向多少个方向去，就有多少种反作用，反作用在垂直的方向要比在水平的方向大些。

重力与惯性力的不同，就在于重力并不是在所有的方向都产生相等的反作用，而惯性力则在所有的方向都产生相等的反作用。

为什么惯性力不是只产生一种结果，不会单凭着与物质的量成比例的反作用，使物体保持在静止状态和运动状态里呢？纯粹反作用的概念，既可应用在静止上，也可以应用在运动上。当物体运动时，静止便是反作用，当物体静止时，运动便是反作用。如果没有这个反作用，在运动之前便不需要有撞击，在撞击之后便不会有停止了，因为物体自己是不会起作用的。在做一个球挂在一根线上的实验时，球对线的牵引力等于线对球的拉力。因此物体的反作用只是从惯性力而来的。如果线牵引球的力比重力大，球便上升；如果球所受重力比被线牵引的力大，球便下降，等等。

拉摩的侄儿

天生百样人。

——贺拉斯

无论天气是好是坏，我有个习惯一直保持着，每天下午五点钟光景，一定要到皇宫花园街散步。人们会看到那个永远一个人坐在阿冉松路长凳上沉思的人就是我。我思考着政治、爱情、趣味或哲学，让我的心灵尽情随处游荡。我让它自由自在地追随着那浮上来的第一个念头，不管它看上去是聪明的还是傻的，就像人们在福亚路上看见的那些放荡的年轻人，一会儿紧随着一个举止轻浮、满脸笑容、眼神不定、鼻子翘起的妓女，忽而又舍弃她去追随另外一个，挑逗着所有的轻浮女人却不跟任何一个纠缠起来，我的思想就像那些妓女一样。

在天气太冷或多雨的时节，我就躲到摄政咖啡店去，在那里我以看别人下棋来消磨时光。巴黎有全世界最高明的棋手，摄政咖啡店又是全巴黎高手云集的地方。就是在这家咖啡店里，高深莫测的棋手雷加尔、心思巧妙的棋手斐利多尔和沉稳冷静的棋手马约在互相厮杀着。在这里，你可以看到最惊人的棋术，可以听到最粗俗的谈话。因为，人可能是才华过人且是一名棋手，像雷加尔一样，也有可有是个棋手，但却是愚蠢的家伙，像富贝尔和马约一样。一天下午，我又在那观棋，只是观看，不说话，连外界的声音我都尽量不放进耳朵。这时有一位上帝绝不让这种地方缺少的最奇怪的人物向我招呼。他是高傲和卑鄙、聪明和愚蠢的混合物。在他脑海里正当和不正当的思想一定是奇异地混合在一起，因为他毫不夸张地表露了自然赋予他的优良品质，但也无所顾忌地露出他所接受的恶劣品质。此外，他拥有坚强的体魄，特别的想象力和非常健壮的肺。如果你遇见过他，而他所具有的那种神奇的气质没有让你停下来的话，那你不是把手指塞进了耳朵，就是撒腿跑开了。天哪，多么可怕的肺啊！他时常的变化，这些变化使得他完全是另一个人。有时他瘦削憔悴，就像一个将死的痨病患者，你可以通过他的腮颊数得清他有几颗牙齿。

你会说他曾经饿了好几天，或者是刚从静修会修道院里出来的。到了下一个月，他会长得肥胖丰腴，好像一直坐在金融家的餐桌旁，或者曾经被关在圣伯尔纳丁的修道院里一样。今天，他穿着脏衬衣，破裤子，衣衫褴褛，差不多光着脚，低着头躲开人们的目光，你会打算叫住他给他一点布施。明天，他扑着粉，穿着鞋子，鬈着头发，穿着精致的衣服，昂首挺胸，神气十足，这时你毫不怀疑他是一位体面的绅士。他过一天算一天，忧愁或快活，随境遇而定。他早晨起来的时候，第一件心事就是考虑到哪里吃午饭，午饭后他便琢磨到什么地方去吃晚饭。夜晚也给他带来不安，他或者是步行回到他所住的顶楼，只要女房东没有收回他的钥匙，这也全靠他回去得太晚，人家等不起了。或者他就转到郊外的酒店里去，在那里用一片面包一瓶啤酒来等候天明。

他的口袋有时连六个硬币也没有，这是他有时会碰到的，他会向他朋友的马车夫求助，或者依靠某位贵族的车夫，这位车夫会让他睡在稻草上，睡在马的旁边。早晨，就会有一些曾是他床垫的稻草仍然藏在他的头发里。如果天气暖和，他就会整夜在皇后广场或香榭丽舍街闲荡，到了天亮就在城里出现，身上的衣服从昨夜穿到今天，有时也会从今天穿到下一个星期。我并不看重这样的怪人，别人也许把他们看作熟识的人，甚至看作朋友。

当我遇见他们的时候，一年中有一次会引起我的注意，因为他们的性格和别人的性格实在是大不同，他们打破了我们的教育、我们的社会习俗、我们关于礼貌的惯常观念所造成的令人厌烦的条条框框。如果在一群人中出现了这样一个人，他会像一颗酵母一样，开始发酵，使每个人都恢复了他的自然个性的一部分。他动摇着和鼓动着人们，他令人们对他表示赞许或斥责。他使真理显示出来，人们因他认识了谁是善良的，恶棍的假面具在他面前不复存在了，他让那些只学过书本知识的人倾听并去分辨好人与坏人。

我认识这位怪人已经很久了，有家人很赏识他并且时常招待他。这一家只有一个独生女儿，他对这家的父亲和母亲发誓说要娶他们的女儿，他们就耸耸肩膀，当面嘲笑他，告诉他说，他准是发疯了，我想他以后再也没有进过这好人家的大门。他向我借几个钱我就给他，我不知道他怎样混进了一些体面的人家，在那里吃饭，但是有一个条件，如果不得到准许，他就不能说话。结果就使得他是在永远闷气地吃着饭，看他这样抑制着自己，真是有趣。如果他要破坏之前的约定，开起口来，他才说了第一个字，大家就齐声地叫道："噢，拉摩！"结果就会更让他气得瞪眼，于是更加气哼哼地吃起来。你一定很好奇他的名字叫什么，现在你已经知道了，他是著名音乐家拉摩[①]的侄儿。

这位音乐家把我们从一百多年来我们所唱的吕利[②]的教堂曲调里解脱出来，关于音乐理论他曾经发表了如此多的不可理解的幻想和启示的真理，这是他自己都不太了解的东西。他曾经给了我们一些歌剧，这些歌剧里有和声、歌曲断片、不连贯的思想、喧哗、飞扬、凯旋、光荣、喃喃低语、胜利，这一切令歌手唱得喘不过气来，还有将会永远流传的舞曲。当佛罗伦萨人的声名由他埋没了以后，他自己也将被意大利的名家所埋没，这是他预感

① 拉摩（1683-1764），法国最伟大的音乐家之一。

② 吕利（1633-1687），佛罗伦萨的音乐家，在法国路易十四的宫廷当乐师。

得到的，因而令他忧郁、悲伤和愤激的。因为没有任何人，甚至一个在起床后发觉自己鼻子上长了一个粉刺的美妇人，也不会像一位在世时就有丧失声名危险的作家那样感到惶恐不安的，这有马里奥和小克莱比龙为证。

他先来招呼我说："呀！原来你也在这里，哲学家先生，你在这样一群懒汉中间有什么事呢？难道你也靠推木头来消磨时间吗？"（人们这样轻蔑地称呼象棋。）

我：不，但当我没有更好的事情要做的时候，观看精于此道的人推也会获得一些乐趣的。

他：要是那样，你可能得不到多少乐趣了，因为除了雷加尔和斐利多尔，其余的人都是一窍不通的。

我：皮塞先生怎样呢？

他：他在棋手中的地位正如克拉克小姐在演员中的地位一样，他们所有的东西别人都知道了。

我：你实在太苛刻了，我晓得只有真正了不起的人才能获得你的称赞。

他：是的，在象棋、跳棋、诗、口才、音乐诸如此类的琐事里是这样，可这些事情中平庸者有什么用处呢？

我：用处很少，我承认。可一定要有很多人参与其中，才会有天才出现吧，他是千万人中的一个。我看我们还是不要谈这个了，我都不知有多少年没见到你了，当我不看见你的时候，我从来想不起你，但是再见到你时，总令我高兴。你这一向做些什么呢？

他：像你一样，我跟大家所做的事差不多，有些好的，有些坏的，有时什么事情也没有。当我肚子饿了，如果碰到吃的机会我就吃，吃过后我口渴了，我就喝起来。同时我的胡子也在长着，当胡子已经长出来了，我就把它刮掉。

我：这你可做错了，你跟那些圣哲差的只有这一点了。

他：你说得对，我的前额高而有皱纹，眼睛有热情，鼻子高挺。脸颊宽广，眉毛黑而浓，大口，翻唇，方脸。要是这宽大的下巴上长着一把胡子，你知道这在铜像或大理石像中是多么好看吗？

我：在恺撒、马尔库斯·奥列里乌斯、苏格拉底的旁边。

他：不，我在第欧根尼和芙里尼[①]当中倒是更好些。我像前者一样厚脸皮，又是喜欢拜访后者的常客。

我：你近来好吧？

他：是的，一如既往的健康，但今天却不怎么好。

我：怎么？像你现在这样，一个肚皮好像西勒诺斯[②]，一个脸庞……

他：一个脸庞，人们也许以为是背面。使我亲爱的叔叔变干瘪了的这一点愤世嫉俗，却好像使他亲爱的侄儿长胖了。

我：说到这位叔叔，你有时看见他吗？

---

① 芙里尼，公元前4世纪古希腊交际花，雕刻家普拉克西特利斯的情人，画家阿佩莱斯以她为模特创作了名画《海中升起的阿佛洛狄忒》。

② 西勒诺斯是酒神狄俄尼索斯的老师。

他：是的，偶尔在街上会看见他。

我：难道他从来没有给你一点好处吗？

他：如果他给了任何人一点好处，都会让他自己大吃一惊的。他可以说是独一无二的哲学家，他只想到他自己，这个宇宙的其余部分对于他是一文不值的。他就连太太跟女儿的死活也不太意的，只要为给她们送葬而敲的钟声继续地回响着第十二音和第十七音，那就一切都好了。在这一点上他是很幸运的，这也是天才的可贵之处。他们只精通一件事，除了这件以外，便什么也不会了。他们不晓得怎样做一个公民、父亲、母亲、兄弟、亲戚和朋友。我老实对你说，人们应该在一切方面都完全像他们，但千万不要希望他们这种人很普遍。人是必需的，但天才的人不是必需的，不，老实说，是根本不需要的。他们改变了地球的样貌，而在最细微的事情中，愚蠢是这样的普遍和这样的强有力，以至不大吵大闹起来就不能够改变。他们的理想一部分是建立起来了，一部分又原地不动。因此就有两个福音和一件丑角的外衣。拉伯雷小说中修士的贤达，为了他自己的和他人的心境安宁，是真正的贤达。他多多少少地尽了自己的责任，常常说修道院院长的好话，此外随便这个世界爱怎么样就怎么样。既然众人都感觉满意，说明一切都不错。如果我懂得历史，我将会证明给你看，这底层的不幸，常常是由某些天才带来的。但是我不懂得历史，我什么也不懂得啊。

如果我曾学会过什么，或学得很糟糕，都去见鬼吧。有一天我在法国国王的一位大臣那里吃饭，他一个人有几个人的聪明。他就像证明一加一等于二给我们证明：没有什么比谎话对人民更有用，没有什么比真话更有害。他的论证我已经记不起来了，但却能得出这样明显的结论：天才是可憎恶的东西。如果一个婴儿在出世时，额头上就带有这个危险的天赋的标记，那就应该或者把他活活地闷死，或者把他投到水里去。

我：然而，这些人物这样地仇恨天才，他们却都自以为天赋异禀呢。

他：我相信他们内心是这样想的，但是我不相信他们敢于公开这样地承认。

我：那是由于谦逊的缘故，那么你是对天才怀着可怕的憎恨吗？

他：可能一辈子也不会改变了。

我：可是我记得有个时候，你还为自己是个平常人难过呢。如果一个辩论的正反两面都同等地令你苦恼，你决不会得到快乐的。你必须选择一边，并且始终不渝地拥护它。我同意你的意见，天才通常是有点奇特的，或者如俗谚所说——智者皆疯狂，但他们总是让人从心里佩服，我们将要鄙视那些没有任何天才产生的时代。

天才将是和他们共同生活的那些民族的光荣，迟早人们会塑雕像纪念他们，把他们看作造福人类的救星。这里我得请你说的那位大臣原谅，我相信如果谎话可以有用于一时，从长远看来它必然是有害的，反之，真话从长远看来必然是有用的，尽管暂时也会出现害处。由此我就倾向于下这样的结论：那个使一种普遍流行的错误失掉权威，或者令大家接受一种伟大的真理的天才，是永远值得我们崇敬的人物。也许天才人物会成为偏见和法律的牺牲品，可是有两种不同的法律，一种是绝对地公正和普遍的，另一种是特别的，它们只由于人类的盲目和境遇的需要才得到批准。后一种法律只让违犯它们的人受到暂时的耻辱，时间会把这种耻辱还回去，落在那些法官和国家的身上，永不消除。在今天看来，究竟是苏格拉底的还是那位令他喝毒药的法官的耻辱呢？

他：可这于苏格拉底有什么好处呢？难道他因此就不是被判罪了吗？不是被处死了吗？不是犯法作乱的公民了吗？由于他蔑视坏的法律，从而变成鼓励愚人去蔑视好的法律了吗？难道他不是一个大胆的奇怪的家伙吗？你刚刚所说的不是很接近于对天才并不十分有利的一种论调吗？

我：亲爱的朋友，听我说吧。一个社会不应该有坏的法律，如果它有的只是好的法律，社会里就绝不会发生迫害一个天才的事情。我的意思并不是天才一定会跟邪恶在一起，也不是说邪恶是和天才结合在一起的。一个蠢人比一个聪明人更容易做坏事，如果一个天才通常是一个没有礼貌的、难以相处的、乖戾的、不可容忍的，如果他甚至是品质恶劣的，从这里你会得出什么结论呢？

他：应该把他淹死。

我：亲爱的朋友，温和点吧。现在，告诉我，我是不打算拿你的叔叔来做例子的。他是一个冷酷无情的人，一个粗暴的人，无人性、悭吝，他是坏的父亲，坏的丈夫，坏的叔叔。但我们还得承认，他是一个天才，他大大地推动了他那门艺术的进步，在十年之内人们仍将谈论着他的作品。拿拉辛来说吧，这一位毫无疑问是个天才，但似乎也不是大好人。还有伏尔泰呢？

他：不要逼迫我太甚了，因为我的推断是符合逻辑的。

我：在两种情形中你愿意挑选哪一种呢？或者拉辛是一个好人，像布里松一样，与他的柜台成为一体，或像巴比埃一样与他的量尺寸步不离。①或是一个好丈夫，年年照例跟他的太太生一个合法的孩子；或是一个好父亲、好叔叔、好邻居、正直的商人，但仅仅如此而已。或者拉辛是奸诈的、背信的、有野心的、嫉妒的、恶劣的，然而却是《安德洛马克》《布里坦尼库斯》《伊菲革涅亚》《菲德拉》《阿萨丽》的作者？

他：说实话，为他自己的缘故，在这两种人中，如果他是头一种人也许会更好些。

我：但这是极其真实的。

他：看，你们这些人就是这个样子！如果我们说了一些合情合理的话，那一定是像疯子或通灵的人一样，完全是出于偶然

① 布里松是《百科全书》出版发行人；巴比埃是丝绸商人。

的，只有你们这些人才了解你们自己。是的，哲学家先生，我了解我自己，一点也不亚于你了解你自己。

我：那为什么要说为了他自己的缘故呢？

他：因为所有这些优秀的作品不曾给他挣得两万法郎，可是，如果他是圣丹尼斯大街或圣赫诺莱大街上一位殷实的丝商，一位殷实的杂货批发商，一位营业发达的药房老板，他就会聚积了万贯的家财，那所有的娱乐他都可以享受得到。他就会不时地把一个金币赏给像我这样一个穷困的可笑的丑角，这个丑角会使他发笑，也会有时给他找到一位年轻姑娘（使他得以排遣同太太永远同居的单调生活）。他就可以用上等的大菜招待我们，押大的赌注，饮上等的葡萄酒、上等的烈酒、上等的咖啡，还结伴到郊外寻乐去，现在你就知道我是多么了解我自己了。你笑起来了，让我再加一句，这样也可以让他周围的人更好些。

我：不错，只要他不是以不正当的方式来使用合法营业所赚得的钱财，只要他把所有那些赌徒、寄生虫、无味的谄媚者、游手好闲的人、邪恶的食客，都从家里赶出来，只要他令店里的伙计把那个用坏主意来解脱丈夫们同他们的太太们长期同居所感到厌倦的好管闲事之徒，狠狠地鞭打一番。

他：鞭打他，先生！鞭打吗？在一个很文明的城市里，是没有人挨鞭打的。而且这是一个正当的职业，许多人，甚至有头衔的人也都干这样的事哩。究竟你要一个人怎样去使用他的钱呢？

如果不是用来享受好食物、好伴侣、好酒、漂亮女人、各式各样的娱乐、各种各样的游戏！如果空有巨万家财，而这些享乐却一样也没有尝到，我倒宁愿做乞丐了。可是让我们回到拉辛吧，这个人只有对于不相识的人们并且只有在他已经去世以后，才是一个好人。

我：同意，但是请把好处和坏处比较。一千年之后他将仍然令人流泪，他将在世界上一切国家里引起人们的惊奇、感叹，他将唤起人们的同情心、怜悯心、慈爱。人们要知道他是谁，他是哪个国家的人，那些人将羡慕法兰西有了他。他确实使几个人遭受了痛苦，这些人现在已经不在世上了，他们几乎和我们一点关系也没有。对于他的恶习和他的过失，我们一点也用不着害怕。毫无疑问地，如果他天然具有的，不但有一个伟大人物的才能，还有一个善人的品德，那就更好了。他就像一棵大树，它使栽种在邻近地方的一些树木都枯萎了，它闷死了生长在它脚下的植物，但是它把自己的尖顶一直耸入云中去，还把树枝远远地张开来。它把树荫赏赐给曾经来到、正在来到和将要来到它的伟大躯干旁边休息的人们，它结出了味道绝妙的水果，而且不断地重复产生出来。要是伏尔泰能像杜克洛一样的温和、特吕伯勒院长一样的坦白、奥利弗院长一样的正直，我们希望是这样的，但是，既然这是不可能的，就让我们从真正要紧的方向来看这事情吧，让我们暂时忘却我们在空间和时间中所占的那一点，让我们把眼光放远，看到未来的世纪，最遥远的地区，还有那些未出世的人们。让我们为我们同类的幸福而考虑吧，如果我们宽容仁慈，至少让我们因自然比我们更加贤明而宽恕它。如果你们把冷水浇在格勒兹[①]的头上，你们熄灭的也许不只是虚荣心，还有那天才之火。如果你们使伏尔泰对于他人的非难不那么敏感，他就不再能进入梅洛普[②]的灵魂深处了，他也就不再令你感动了。

他：可是如果自然是贤明的也同样是有力量的话，为什么它不再把他们造成伟人的同时又把他们也造成善良的人呢?

我：你知道吗，用了这样的推理你会把事物的一般秩序推翻了，如果这凡间的一切都是完美的，那就会没有任何完美的东西了。

他：你说得对，主要的一点是，你和我两人是在这里，我们恰恰是你和我，其他的一切随它去吧。我以为事物的最好的秩序就是需要我在里边的一个秩序，如果我不在里边，即令最完美的世界，也是不好的。我愿意存在，甚至做一个厚颜无耻的好辩者而存在，也比不存在的好。

我：所有人都没意识到，在自己对这个秩序不满意的同时，也就是让自己不存在这个秩序之中了。

他：这是真的。

我：那么让我们就按照事物的现状来接受它们吧。让我们想

---

① 格勒兹（1725–1805），法国绘画家。

② 梅洛普，伏尔泰所著悲剧《麦洛柏》的女主角名。

想它们要我们拿出什么代价来，它们对于我们又有什么贡献，把所有让我们懵懂的、让我们既不能赞赏也不会非难的一切都抛在一边吧，也许它既不是好的，也不是坏的，如果它是必需的，正如许多正直的人所想象的一样。

他：你说的这些我是不大懂得的。这个好像是哲学，我得提前告诉你，我是不搞这一套的。我所知道的只是，我很希望自己是另外一种样子，甚至碰巧是一个天才，一个伟大人物。是的，我应该承认，我内心有这样的声音。只要别人被称赞我就暗生愤懑之情。我嫉妒他们，当有人把关于他们的私生活的一些有损他们的名声的事情告诉我时，我就很高兴地听着，这事情使我们彼此靠近起来，这就让我对自己的平庸不那样生气了。我对自己说：说实话，你决不会写出《穆罕默德》①，但是你也不会写出对于莫贝欧②的颂辞来。我无论过去还是现在都因自己的平庸而苦恼着。是的，是的，我是平庸的，我很苦恼。我从来没有在听到《多情的印度人》③的序曲及听人唱着《蒂那尔的深渊》或《永恒的夜》而不痛苦地对自己说：这是你永远做不出来的东西，所以我很嫉妒我的叔叔，如果在他去世的时候，他的书夹里面还有几个美丽的大键琴乐曲，我就不会迟疑究竟继续做我自己还是做他了。

① 《穆罕默德》是伏尔泰写的悲剧。

② 莫贝欧，法国的司法大臣。

③ 《多情的印度人》是拉摩创作的歌剧。

我：如果令你苦恼的仅是这点事，这是不大值得这样痛苦的。

他：这个没有什么，这些是一会儿就会过去的。（于是他开始唱《多情的印度人》序曲和《深渊》，接着说）有什么东西在内里对我说：拉摩，你真愿意做出这两个曲子，如果你作了这两个曲子，你一定能够作另外两个，当你已经做出了一定数目的曲子之后，就会到处有人演奏和歌唱你的作品了。你就可以抬着头走路，你自己的功绩会由你的良心给你作证，别的人就会指着你说："他就是那些美妙舞曲的作者。"（他就唱起那些舞曲来，然后做出一个人深受感动、快乐已极、眼泪汪汪的样子，他一面摩擦着双手继续说）你将得到一间漂亮的房屋（他用胳膊来比量这房屋的面积），一张漂亮的床（他毫不介意地在床上躺下来），好的酒（他用舌头舔上腭发出声来，好像尝着酒的香味），一辆漂亮的马车（他举起脚来走进车厢里去），美丽的女人（他好像已经拥抱着她们，并且淫荡地瞅着她）；每天有成百个流氓走来阿谀奉承（他想象看见了他们在自己的周围，他看见巴里索、普恩西纳、佛勒龙父子、拉·波尔特，[①]他听着他们说话，非常骄傲的享受着，赞成他们，轻视他们，嘲笑他们，对他们呼来喝去，然后他继续说），就是这样地，到了天亮就有人会

① 巴里索，是反对百科全书派的作家。他写的讽刺喜剧《哲学家》（1760）就是攻击狄德罗和他的集团的。普恩西纳，剧作家、诗人，以虚荣及轻浮著名。佛勒龙父子，也是反对百科全书派的作家。拉·波尔特，编纂家及文艺批评家。

告诉你，你是一个大人物，你在“三个世纪”的历史[①]中会被读到，你是一个大人物，到晚上你将会深信你真是一个大人物，这个大人物，拉摩的侄儿，在回响着甜蜜声音和赞美调子中进入睡眠，就是在睡眠中他也有满足的神情，他的胸部膨胀起来，舒畅地起伏着，连打鼾都像个大人物呢。当他这样说的时候，他让自己懒洋洋地躺到一张长椅子上，他闭着眼，模仿着他所想象的幸福的睡眠。在享受了这个甜蜜的休息一会儿之后，他醒过来，伸开胳臂，打着呵欠，揉了揉眼睛，好像在找寻他周围的那些无聊的奉承者。

我：你相信一个幸福的人睡得更香甜吗？

他：但愿我能相信！我这个可怜虫，当夜里我回到我的顶楼，爬上我的小床的时候，我伤心地蜷缩在毡子底下，我的胸部收紧起来，呼吸困难，只是一种微弱的叹息，人们差不多听不见，可是一位金融家就会震动了整个屋子，使整条街上都感到惊讶，但是今天令我忧愁的，倒不是因为我如一个穷人那样寒碜地睡眠和打鼾。

我：这个确实也已很可悲了。

他：我所遭遇的事情，要更悲惨得多哩。

我：什么事情呢？

他：你总是对我有一点关心，因为我是一个你打心底里瞧不

① 指加斯特所著的《三个世纪的法国文学史》。

起的可怜虫，可你又觉得我很有趣。

我： 这是真的。

他： 让我告诉你吧，（在他开始说话之前，他深深地叹了一口气，双手抱着头，然后，面容恢复了平静）你知道，我是无知的、愚蠢的、疯狂的、不识羞耻的、懒惰的，像布尔高涅人所说的那样，是一个顶级无赖、一个骗子、一个贪食者。

我： 不错的颂词！

他： 这个完全是真的。真是恰如其分的评价，请你在这一点上不要争论。没有人比我更清楚我自己，而且我还没有全说呢。

我： 我不会让你不高兴的，我将完全同意你的话。

他： 现在想想吧，我一向和一些人交往着，他们喜欢我就是因为我具备了所有这些特质，而这些对他们来说实在是太难寻了。

我： 那倒是奇怪，到目前我一直认为，人们或是把这些性质对自己隐瞒起来，或是人们纵容自己的这些特质，但对别人身上的这些特质却是鄙视的。

他： 人们怎么能够对自己隐瞒呢？你可以确信，当巴里索一个人独自面对自己的时候，他说的就会是完全另外一套了。当他跟他的朋友在一起时，你不用怀疑，他们决不讳言他们是一对臭名昭著的流氓。鄙视别人吗？绝对没有，我的朋友们要公平得多，我和他们配合得真是妙极了。我那时真是自在，他们对我都很殷勤。哪怕我离开一会儿，他们就挂念着我了。我是他们的小拉摩、他们漂亮的拉摩，他们滑稽的、厚脸皮的、无知又懒惰的、贪食的拉摩，他们的小丑，他们的大傻瓜拉摩。每一个这样亲昵的称呼都伴随着微笑和抚爱，肩膀上轻轻一拍，一个耳光，踢一脚，在吃饭时把少许好吃的东西投到我的盘子里，在饭后别人对我随便一点，我也毫不在乎地接受了，我是完全无所谓的。人们对于我，和我一起，或在我面前，可以为所欲为，我才不介意呢。多少小礼物落到我的头上——我真是傻瓜，把这一切都失掉了！我失去了这一切，仅仅是因为有一次我竟如常人一样思考了问题，这是我一生中唯一的一次。唉！如果我再次遇见同样的事情呵！

我：你说的是什么事情？

他：一件再不会有的、不可思议的、不可原谅的愚蠢行为。

我：什么样的愚蠢行为呢？

他：拉摩，拉摩！人们是为了这个才接待你吗？你竟有了一点鉴赏力、一点机智、一点理性，这是多么愚蠢的事啊。拉摩，我的朋友，这件事让你明白应该继续做上帝所造就的且你的保护者所喜欢的你的样子。人们就这样抓着你的肩膀，把你扯到门口，对你说："恶棍，走开吧，不要再上这里来。原来这家伙想要有才华，有理性！滚开吧！这样的东西我们这里多得是。"你咬着手指走开了。先前你倒应该咬紧你的可恶的舌头的啊！为什么你不放明白点？现在你流落街头，身无分文，不知到哪里去才好。过去你想吃什么就会吃到，现在你却只能站在食杂店前。你曾经住得很舒服，现在只要人们再让你住到小顶楼里去，你就会喜出望外了；你曾经有舒适的床，如今在苏比斯先生的马车夫和朋友洛贝①的中间，有稻草铺等候着你。你再也不会有甜蜜平静的睡眠，你将要一只耳朵听着马的嘶叫和踏地声，另一只耳朵听着那枯燥的、生硬的、比野蛮的诗句更难以忍受的聒噪。真是倒霉！冒失！一百万个活见鬼！

我：难道没有什么办法补救一下，使你再回到那里去吗？难道你的过失，是这样不可饶恕的吗？如果我处在你的地位，我就会再去拜访这些人，他们需要你的程度是你没有意识到的。

他：对，我相信因为没有我让他们发笑，他们会过得像狗一样无聊了。

我：那就该去找找他们。不让他们有时间学会可以不需要这种快乐，转而去专注一些高尚的游戏，因为谁知道会发生什么事呢。

他：我所怕的倒不是这个，这是不会发生的。

我：你尽管是最了不起的，总还有人能够代替你。

他：那可不是一件容易的事。

我：也许是的，但是我劝你还是去的好，如果是我，我就带着这个烦恼的面容，这双迷乱的眼睛，衬衣的领口完全敞开着，头发蓬松着，在这个真正悲剧的状态里，就是你现在的情形。我

① 洛贝，此人曾作了一首关于梅毒的诗，暗指梅毒患者。

将自己投在女神的脚下，把脸孔贴在地上，不肯起来，用喑哑呜咽的声音说：“请饶恕我，夫人！饶恕我吧！我是卑鄙的、下贱的。那只是一个不幸的瞬间，因为你知道，理智在我这里是不存在的，我应允你，在我这一生再也不会有同样的事情发生了。”

（有趣的是，当我正在对他这样说的时候，我看见他在默默地表演着我的话。他倒在地下，把脸孔贴在地上，假装是用双手把握着一只拖鞋的鞋尖，他哭着，他呜咽着，他说：“是的，我的小女王，是的，我答应你，我一辈子再也不会做同样的事了，一辈子。”然后他突然站起来，他用严肃的、深沉的声调继续说）

他：是的，你说得对，我想这是最好的办法。她是仁慈的，维埃拉先生说，她是这样的仁慈，我觉得她也是这样的。但是要我走去对这样一个母猴来贬低自己！在一个下贱渺小的女戏子脚下来乞求慈悲，这个被观众喝倒彩的东西！我，拉摩，是第戎的药剂师拉摩先生的儿子，他是一个正直的人，从来不曾在任何人的面前卑躬屈膝的！我，拉摩，是他们称作伟大的拉摩的侄儿，这位伟大的拉摩，自从卡尔蒙德勒先生把他弯着背、双手放在衣裾底下的样子画出来以后，人们就经常看见他挺直着身子，胳膊在空中挥动着，在皇宫花园里来回散步了！我曾做了一些无人演奏的大键琴曲子，但是也许只有这些曲子可以留传到后代，后人将要演奏它们。我，够了，我，我应该去吗？不，先生，那是不可能的！（现在把他的右手放在胸前，他继续说）这里我感觉有些什么东西在涌上来并对我说："拉摩，你不要那样做。"一定是尊严与人性结合起来了，那是没有人能够把它消灭掉的。现在无缘无故地，它一下子就涌上来了。是的，无缘无故地，因为在别的日子，我无所顾忌地下流无耻，它并没有令我难过，在那些日子，为了一个铜板，我也曾经吻过小胡丝的臀部哩。

我：但是我的朋友，她长得白皙、美丽、年轻、柔嫩而丰满，这样的屈辱行为，甚至比你要高雅得多的人有时也会情愿去做呢。

他：让我们说清楚，吻臀部有真正的吻和比喻的吻，请你问问胖子贝尔吉[①]吧，他真正地又比喻地吻着拉·马尔克夫人的臀部。不过说实话，就这个场合来说，无论真正的和比喻的吻都是我不喜欢的。

我：如果我所提议的办法对于你不合适，那就鼓起勇气去做个叫花子吧。

他：既然世间有这样多有钱的傻子，人们可以花他们的钱来过活，做一个叫花子倒是一件很难的事，同时这样轻贱自己也是不可忍受的。

我：你已体验过这种感情了吗？

他：我是否体验到？我多少次对自己说："喂，拉摩，巴黎有一万张豪华的餐桌，每一桌安排着十五人到二十人的席位，

---

① 贝尔吉（1718–1790），是狄德罗和他的集团的反对者，是法国的神学家。

而所有这些席位中竟没有一个是你的！有许多钱袋满装着金币，这些金币不是从左手就是从右手流出，但没有一个金币落在你的身上！成千的小文人既没有才能也没有成绩，成千的小姑娘没有任何美貌，成千的无聊的阴谋家都穿得很体面，可你却是衣不蔽体！难道你愚蠢至此了吗？难道你不会像别人那样谄媚吗？你不会像别人那样说谎、赌咒、发伪誓、许诺或食言自肥吗？你不会趴在地上吗？你不会像别人那样帮助夫人跟人私通，并且给丈夫传递情书吗？你不会像别人那样鼓励这位年轻人对小姐说话，又劝说小姐听他的话吗？你难道不会让一个做小买卖的女儿懂得，她穿得很难看，而美丽的耳环，一点胭脂，一些花边，一件波兰的长袍就会把她打扮得十分惊人吗？告诉她小脚是不应该走在街上的？告诉她一个漂亮的男子，年轻而有钱，他有镶金边的外衣，华丽的马车，六个跟班，在路过的时候看见了她，觉得她非常可爱，自从那一天起他就不能吃也不能喝，再也睡不着，也许快要死了？——'但是我的爸爸。'——是的，是的，你爸爸！他开头也许会有一点儿生气。——'还有妈妈呢！她老是劝我做一个好姑娘，她告诉我，名誉是这世界上唯一要紧的东西！'——那是毫无新意的老论调。——'那个听我忏悔的教士呢！'——你不要再见他了，或者如果你坚持这个怪念头，要把所有你的傻事都告诉他去，那你就得要花费几磅白糖和咖啡。——'他是一个很严厉的人，为了那个歌——《到我的修道室里来》，他已经判我有罪了。’——那是因为你没有送给他一点东西的缘故……但是当你穿着镶花边的服饰出现在他面前时——‘我将有花边吗？’——当然，各种各样的花边，戴着漂亮的钻石耳环——‘我将有漂亮的钻石耳环吗？’——是的——‘就像有时到我们店里来买手套的那位侯爵夫人所戴的那样吗？’——正是那样，坐着漂亮的马车，套着灰色而有斑点的马，两个大跟班，一个小黑人，一个马夫跑在前面，抹着胭脂，贴着小绢片，衣裾有人提着，——‘到舞会去吗？’——是的，到舞会去，到歌剧院去，看喜剧去……她的心已经为欢乐而跳跃了。现在你拿着一张纸条在手指中间玩弄着。——‘那是什么东西？’——没有什么，——‘我想看是什么东西。’——一封小笺——‘给谁的？’——给你的，如果你有点好奇的话。——‘好奇？我是非常好奇呢，让我看看。’——她读着。——‘一个约会吗？但根本无法做到。’——当你去做弥撒的时候——‘妈妈老是跟我在一块，但是如果他清早到这里来，我常常是第一个起床，在他们起来之前就先到柜台前来的。’——他来了，他满意了，有一天黄昏时分，这个小姑娘逃跑了，人们给了我两千块钱。怎么！有了这样好的才能，怎么会缺面包呢？可怜人，你不觉得羞耻吗？”

我记得有一帮流氓，给我当跟班都不配，却有非常多的财产。我穿着粗布的大衣，他们穿着绸缎。他们拿着包金头的曲柄手杖，他们手指上戴的指环刻有亚里士多德和柏拉图的名字。可过去他们是什么呢？只是一些可怜的拙劣的音乐匠，现在他们却像贵族一样舒适了。于是我觉得有了勇气了，兴高采烈，心思敏锐，有能力干任何事情。但是好像这个快乐的心情并不持久，因为直到现在，我也没有表现出过人之处。无论怎么样，这就是我经常暗地里对自己说的话，你可以随意地解释它的意义，只要你从这里给我得出这个结论来，我知道这是对自己的轻视，这种由于感到我们所有的才具无法得到肯定而产生的良心的痛苦，这是一切痛苦中最残酷的。一个人到了这步田地，还不如当初没有生在世间好些。（我听着他说下去。当他正在表演着那个牵线者和他所引诱的年轻女孩的一幕时，我的心被两种相反的冲动夹击着，我不晓得应该让这个想笑出来的欲望出来，还是让想发怒的冲动出来。我十分苦恼，有许多次一声大笑阻止了我的动怒，也有许多次从我心里涌起来的愤怒结果成了一声大笑。使我惊讶的是，这样的精明和这样的卑鄙在一起，这样正确的思想和这样的谬误混杂着，如此邪恶的感情，如此无耻的堕落，却又这样罕有的坦白。他注意到我的心里所进行着的斗争，问道）怎么了？

我：没有什么。

他：你好像是在苦恼着。

我：我是很苦恼。

他：你是想对我说什么吗？

我：让我们谈别的吧。不幸的人，你是天生或是堕落到何等下贱的地步啊！

他：我承认，但是不要因为我太烦恼了。我把心事对你坦白出来，我的用意并不是要你苦恼。我从这些人那里积下了一点钱，请注意，我不需要什么东西，绝对地什么也不需要，人们给了我这样多的零花钱……（于是他再次开始用拳头击他的前额，咬他的嘴唇，眼睛迷乱地向天花板翻转着，然后他叫道）可是事情已经过去了，我已经留下了一些东西。时间过去了，但有东西留下来了。

我：你的意思是说消失了？

他：不，不！是存了下来。每一瞬间人们都在逐渐富有起来，生活上少了一天，或者多赚了一块钱，完全是一回事。生活中主要的一点就是：每天晚上要自由、轻松、愉快、丰裕地到厕所里去，呵，宝贵的排泄物！这对于一切身份的人们，都是一生的大结局。在最后一瞬间，我们都是同样地富裕了。用盗窃、强夺和使人破产的办法留下了二千七百万金币的伯尔纳[①]，和什么也没有留下、慈善院将给一块裹尸布的拉摩是一样的。死人听见鸣钟的声音，成百的教士，为他唱得喉咙嘶哑，点燃着的火把的队伍在他的前面和后面行进着，这些都是白费，他的灵魂并不在主持仪式的人旁边。不管你是在大理石下面或是在泥土下面腐烂

① 伯尔纳（1651–1739），路易十四及路易十五时代的金融家。

着，你总是要腐烂的。在你的棺材周围有穿红衣的和穿蓝衣的孩子们，或者一个孩子也没有，有什么关系呢？请看看我这个拳头吧，以前就像魔鬼一样顽强。这十个手指，简直是装在木头手腕上的十根木棍，这些筋像肠膜制的旧弦线，比辘轳匠的轮子上所用的那些更干些，更坚硬些，更难缠绕些。但是我曾经这样地折磨它们，疲劳它们，训练它们。你不肯就范吗，我，瞧吧，我说你得要就范，最后它们只能像我要的样子。（当他这样说的时候，他用右手抓着左手的手腕和手指，他把它们向上和向下扭，直到手指尖触着他的下臂，他的关节吱吱地响起来，我害怕他会把骨头弄脱臼了。）

我：小心点，你会把自己扭伤的。

他：不要害怕，它们已经习惯了，十年以来它们一直都是这样被对待的。它们虽不愿意，但这些小流氓不得不习惯下来，它们得要学会弹奏乐键，而且在弦线上翻飞着。现在这就好了，是的，这就好了。（同时，他做出了一个小提琴手的姿态。他低声哼着洛嘉泰伊[①]的一个快板，他的右臂模仿着琴弓的运动，他左手的手指好像在小提琴上来回运动着，如果他弹错了一个音节，他就停下来，把弦调整高些或低些，用他的指甲来弹一弹，相信它确实正确了，然后他重新把乐曲从停下来的地方弹奏起来，用脚踏着拍子，把他的头、脚、手、臂膀和整个身体都摇晃着，就

① 洛嘉泰伊（1693-1764），小提琴家。

像你有时在宗教音乐会所看见的弗拉里或夏柏朗或其他的音乐家，表现着同样的抽搐，让我看到一种同样难受的样子，而且引起我差不多一样的痛苦。那个努力要把快乐给我描绘出来的人，我却只看见他的苦难，这实在是太痛苦了，请放下一层帷幕把那个人给我遮住吧。可是，如果他一定要表现出一个被折磨的受难者的样子，就让我先不要看见他吧。但是在这样的抽搐和喊叫的当中，他会用一个和声的段落改变了他整个的姿态，在这个段落中琴弓徐徐地在几根弦线上同时移动着。这时他的脸孔就现出了狂喜的神情，他的音调变得柔和起来，他的神情是快乐的，对自己的表现是满意的。这和谐的音乐的确是在他的耳朵和我的耳朵里鸣响着。然后他用刚才拿着乐器的那只手把乐器放回在左臂下面，让拿着乐弓的右手落下来，他说）现在，你觉得怎么样？

我：妙极了！

他：我觉得还不错，听来大概和旁人的差不多。（他立刻像一位坐在大键琴旁边的音乐家那样蹲下来。）

我：我得恳请你，为了你和我自己。

他：不，不！我既然找到了你，你应该听下去。我不要人们不知为什么而给出赞美，你将要用更确定的口气夸奖我，那就可以使我获得个把学生了。

我：我的交游很少，你会白受累的。

他：我从来不觉得累。（我看出根本无法劝住这个可怜的家伙，那支小提琴奏鸣曲已把他弄得兴奋起来了，我就决定随他的便。于是他坐在大键琴旁边，弯着双腿，面孔朝向天花板，那样子就使你相信他在上面能看到乐谱。他唱着，先试弹一会，就演奏起阿尔伯底或格吕比的一支曲子来，我不晓得究竟是其中哪一位的。他的声音如风一样吹过，他的手指在琴键上飞舞着，一时离开了最高音便奏起低音来，一时又放下了低音回到最高音来。他脸上不停地流露了各种的表情，你可以辨别出温柔、愤怒、喜悦和痛苦，你可以感觉到弱音和强音。我觉得比我更精于此道的人从曲子的旋律和性格、从他的各种表情和他间歇地唱出的歌曲的断片，一定能够把那个曲子辨认出来。但最奇怪的事情却是，他有好几次出现了犹疑，好像因为有了错误而又改正过来，为瞬间的停顿而懊恼起来。他站起身来，擦干沿着脸颊流下来的汗珠说）现在你看见了，我也知道怎样安排一个三和音，一个升半度的第五度音，我也熟识和音符的连贯。我亲爱的叔叔引以为傲的那些四分音阶的段落，其实也不是什么大不了的事，我也知道怎样去应付。

我：你费了很大的劲来让我知道你是精于此道的，我愿意相信你的话。

他：精于此道？那倒不是。我大约知道些我这一行的东西，而这样就已足够了。因为在这个国家，人们是否一定要懂得自己所教授的东西呢？

我：当然，不过也不用超过自己所学习的东西。

他：这是正确的，完全正确的。现在，哲学家先生，把你的手放在心坎上，老实告诉我吧，曾经有一个时期，你不是像现在这样的宽裕。

我：现在我也不是特别宽裕的。

他：但现在夏天你不需要再到卢森堡去了，你记得……

我：不要说了，我记得的。

他：穿着灰色的绒大衣。

我：是的，是的。

他：一边完全破了，袖口裂开，黑色的毛袜子用白线从后面缝补起来。

我：是的，是的，随你怎么说吧，只要你高兴。

他：那时你在"悲伤之路"上做什么呢？

我：一个十分可怜的人。

他：你离开那里便在街头徘徊着。

我：完全对的。

他：你教数学。

我：数学！我连一个字也不懂得，这就是你要说的吗？

他：对极了。

我：我一面教，一面学，还教出了几个好学生哩。

他：那是可能的，但音乐和代数或几何就不一样了。可现在你已经成了一个了不起的绅士了。

我：也没什么！

他：你很有办法。

我：没什么。

他：你给女儿聘了家庭教师。

我：还没有。她的母亲管她的教育，因为人们在家里需要安静。

他：家里安静吗？天哪，只有当人们是仆从或主人的时候，他才会有这个需要，而人是应该做主人的。我曾经有过一个太太，愿上帝保佑她的灵魂！但当她有时出言不逊的时候，我就张牙舞爪了，我大发雷霆，像上帝一样吩咐："要有光。"我的愿望实现了。所以在四年当中，我们愤怒的对话不超过十次。你的孩子几岁了？

我：那个和这件事一点关系也没有。

他：你的孩子几岁了？

我：见鬼！让我们不要管我的孩子和她的年龄吧，让我们再说到她将来要有的教师吧。

他：天哪！这位哲学家总是这样固执的，如果人家谦逊地恳求着，是否可以请教哲学家先生，他的小姐大约有多大年纪了。

我：你就当她是八岁。

他：八岁！四年以前她就应把手指放在键盘上了。

我：也许因为我不太急于要把费时这么久而用处这么少的一种学习作为她教育计划的一部分。

他：那么，请你告诉我，你将教给她什么呢？

我：如果我能够，教她正确地思想，这在男子们中间已经是很不平常的事，在女士中间就更显得难得。

他：只要她是美丽的，逗人喜欢的和千娇百媚的，就听任她尽量地胡思乱想吧！

我：因为自然对她很不仁慈，给了她一个柔弱的体质和善感的心灵，却要她如同有了强健的体质和铁石的心肠一般，去经历着同样的人生的苦难，如果我能够，我将要教她有勇气忍受这些苦难。

他：只要她美丽，又是逗人喜欢和百般娇媚的，就听任她像其他女人一样哀哭、忧愁、装模作样、易怒吧。怎么？没有舞蹈吗？

我：不超过为了致敬礼、姿态端正和仪容大方并且走路合度所必需的限度。

他：没有歌唱吗？

我：不超过为了正确地发音所必需的限度。

他：没有音乐吗？

我：如果有一位很好的音乐老师，我倒愿意把她托付给他，每天两小时教这么一年或两年，但不能再长了。

他：什么代替了你取消的这些东西呢？

我：我把文法、寓言、历史、地理、一点点绘画和占有大部分的道德修养安排上了。

他：我要轻松证明给你看，在我们这样的世界里所有这些知识是多么的无用。我说无用！也许还有危险哩！但现在我只提出一个问题，难道她不需要一位或两位教师吗？

我：一定的。

他：呀！我们又回到那个问题上来了。这些教师，你期望他们都懂得他们将要教她的文法、寓言、历史、地理、道德修养吗？不可能的，我亲爱的先生，这是胡说，如果他们懂得这些东西到足够教它们的程度，他们就不会教它们了。

我：为什么呢？

他：因为他们就会耗费了一生光阴来研究它们。对于一门艺术或科学必定要钻研得很深，才能够很好地掌握它们的基本要领。教学用的书只有那些终身从事一门学问的人才能很好地写出来，只在当中和结尾才能阐明开头的艰深，请问问数理科学的泰斗，你的朋友达朗贝尔先生，对于教授这些学问初步的意见，他已是太好了。在三十年或四十年的实习之后，我的叔叔才瞥见了音乐理论的第一缕曙光啦。

我：（我大叫道）呵，傻子，大傻子！在你那可怜的头脑里怎么会有这样正确的思想和这么多的怪想法混在一起？

他：天知道！全靠了机缘把它们扔在那里，它们就留在那里了。这一点是可以肯定的，当人们不懂得一切东西，他们就不会好好地学习任何东西。他们不了解一个东西去向哪里，另一个东西来自哪里，这个或那个应当安排在什么地方，哪一个该在先，哪一个在后较为相宜。一个人可以没有方法却可以教授得好吗？而方法又从哪里来呢？我告诉你，亲爱的哲学家，我相信物理学始终是一门贫乏的科学，正如用针尖从一望无际的大洋里取出来的一滴水，从阿尔卑斯山脉上分离出来的一粒沙。至于现象的原因呢？老实说，懂得的东西这么少，又懂得这么粗浅，还不如一点都不懂得的好，这恰恰就是当我成为一个伴奏和作曲教师的时候，我所遇到的情形。你在想什么？

我：我想，所有你刚才对我说的话与其说是有根据的，不如说是似是而非的。但是随它去吧。你说，你曾经教授伴奏和作曲吗？

他：是的。

我：你完全不懂这些东西？

他：是的，完全不懂，这就是为什么其他的人比我还要坏得多——那些自以为懂得一些的人。至少我既没有使孩子们的鉴赏力变糟也没有使他们的手变了质。当他们后来从我这里到一位好的老师那里去学习的时候，既然他们什么也没有学会，至少他们也不需要克服掉一些坏的东西，这也是我省下这么多金钱和时间的原因。

我：但你是怎么干的？

他：像他们大家一样，我到了便坐倒在椅子上："多么可怕的天气！这石子路是多么累人！"然后闲谈一会儿新闻："勒米尔小姐本来要扮演这出新歌剧中一个贞女的角色，但她却第二次怀孕了，还不晓得谁将代替她。阿尔奴德小姐刚刚离开了她的小伯爵，他们说她开始和贝尔廷和好了，同时小伯爵掌握了蒙塔米先生的秘密。在上一次的业余音乐会中有一位意大利小姐唱得像天使一样，这个普莱维依是一个稀奇的剧团，你应该看看他们的《多情的使者》的演出，关于《谜语》的一场是非常妙的。这个可怜的邓斯蒂完全不知道自己说些什么，做些什么……小姐，来吧，拿起你的书吧。"

当小姐正在不慌不忙地找寻她不知放在哪的书，当一个女仆被叫来责骂的时候，我就继续说："克莱龙实在是不可理解的。我听人说起一件最荒唐的婚姻，这是……你叫她什么？……小姐的婚姻，他所监护的一个小东西，这一位已给他生了两三个小孩，并且曾经和这么多的人同居过。——唔，拉摩，这是不可能的，你是在胡说。——我不是在胡说，他们甚至说事情已经办完了。有人谣传伏尔泰已经死了。那就更妙——为什么更妙呢？——那就是说他要给我们生出了一些话题了。这是他的习惯，在两个星期之前就死过一次了。"

我能说些什么呢？我会把在曾到过的一些家庭里听到的最下流的故事重述一番，因为我们都是传播新鲜事的能手。我会扮演一个傻瓜，他们听着我的话笑起来，大叫道："他总是很风趣的。"同时小姐的书终于在一个靠椅底下找到了，在那里曾经被一只小狗或小猫拖来拖去、啃咬并撕破了。她会坐到大键琴前面。开头她会自己一个人弄出一些噪音来。然后我对母亲做出一个赞许的手势以后，就走近前来。母亲："练习得还不错，只要一个人肯学，可是她不肯学，她更爱把时间荒废在瞎聊天、玩耍、跑来跑去和我也不晓得的名堂上面。你刚一走就会把书合起来了，直到你回来才又打开。但你从没责罚过她……"同时，既然应该做一些事情，我就把她的双手拿起来，换一个样子放着，我会生起气来，叫道："sol，sol，小姐，这是一个sol。"母亲："小姐，难道你没有耳朵吗？虽然我不在琴旁，又看不见你的书，我也感觉得应该是一个sol，你给先生带来太多的麻烦。我想不到他为什么这样有耐心，你一点也记不得他告诉你的东西，你一点进步也没有……"于是我就又使空气和缓一些，摇起头来，说道："请原谅我，夫人，请原谅我，如果小姐愿意，如果她肯用功一些，就会学得更好了，可是现在也已不错啦。"母亲："如果我处在你的地位，我就会让她整整一年学习同一支曲子。"——呵，关于这一层，她只有在克服了所有的困难之后才会放下它的，而这个并不需要像夫人所相信的那样长的时间。——母亲："拉摩先生，你夸奖她，你是太好了。这个将是她在学习中唯一记下来的东西，在有机会的时候她一定会重复出来的。”时间会这样地溜过去，我的学生会优雅地把胳膊一摆动，做了从舞蹈教师那里学来的敬礼，把一点学费递给我。我把它放在口袋里，同时母亲就说：“很漂亮，小姐。如果夏维义[①]在这里，他一定会称赞你。”我会有礼貌地再胡扯一会儿，然后我就溜走了，这就是那时候人们叫作一节伴奏课的情形。

我：现在情况就不同了吧？

他：天哪，我倒是想这样。我到了那里，我带着很严肃的样子，急急地脱下暖手筒，把大键琴打开，试一试琴键。我老是非常匆忙的，如果需要我等候一分钟，我就好像被偷了一个银币似的大嚷起来。在一小时以内我必须在某某地方，在两小时以内要在某某公爵夫人的家里，我被邀请在一位美丽的侯爵夫人的家里吃饭，之后还会有在纽芬兰街的巴格男爵公馆里的音乐会。

我：然而根本没有任何人任何地方在等候你吗？

他：是的。

我：可你为什么要用这些卑劣的手段呢？

他：卑劣！请问，为什么卑劣？这些手段在我这种地位的人们当中是惯常用的，我绝不因为像大家一样就轻贱了自己。它们可不是我发明的，如果我不照样奉行，那倒是很奇怪和不知好歹了。实在的，我知道，如果在这个场合中，你打算应用某些我说不出来的一些道德原则，那些人人乐道而没有一个人实行的原

① 夏维义，歌剧院的舞蹈家，国王的舞蹈师。

则，就会发现，白的将是黑的，黑的将是白的了。但是，哲学家先生，正如有一个普遍的文法，也有一个普遍的良心，而在每一种语言中都有例外，我相信，你们这些学者，把它叫作……帮帮我……叫作……

我： 形式。

他： 对了。那么，每一种地位的人都有它的对于一般良心的例外，我很愿意把它们叫作行业的形式。

我： 我明白了。丰特奈尔说得好，写得妙，虽然他的文笔富于法文的形式。

他： 君主、大臣、财政家、官吏、军人、作家、律师、辩护论家、商人、银行家、手艺人、歌唱家和舞蹈家都是很诚实的人物，虽则他们的行为在某几点上离开了一般的良心，充满着道德的形式。原则愈古，就有愈多的形式；时代愈不幸，形式就愈多起来。人有多大价值，行业就有多大价值，反过来说，毕竟行业有多大价值，人就有多大价值。于是人们就努力让他所在的行业更加重要。

我： 所有我从这个错综复杂的论辩里清楚地认识到的，就是，很少行业是诚实不欺的，或者，在行业中很少有诚实的人。

他： 对的，没有一个是诚实的，但是，另一方面，在行业之外很少有人是骗子，一切都会是很好的，如果不是有相当数量的人被认为是勤勉的、严格的、对职务尽忠的、精打细算的，或者换句话说总是在商店里的，从早到晚干他们的行业，此外什么也不干的，于是他们就成了唯一发了财而被尊敬的人物了。

我： 由于形式的力量？

他： 对，我知道你已经懂得了我的意思。现在说到属于差不多一切地位的人的一种形式，有些形式是一切国家和一切时代所共同的，正如他们会做同样的糊涂事一样。一个共同的形式就是使自己获得尽可能多的信徒，一个共同的糊涂事就是相信那个有最多信徒的人是最精于此道的。这是大多数人的头脑所信奉的两种原则。这是一种体系，它本身没有任何价值，但是由于大家的意见而有价值。有人说，好名声比金腰带更有价值，然而有好名声的人并没有得到金腰带，而且我看见今天有金腰带的人绝不缺乏好名声。一个人应该尽可能地既有好名声也有金腰带，当我用你所称为卑劣的手段和不名誉的小伎俩来使自己发达的时候，我的目的就是如此。我教功课，而且我教得好，这就是一般的规程。我使人相信我课程排得满到一天不够用，这就是形式。

我： 那么，你功课教得好吗？

他： 是的，不坏，过得去。亲爱的叔叔的基本低音谱让一切都简单多了。以前是我偷了我的学生的金钱，是的，我偷了它，这是千真万确的，现在，我赚得了它，至少像其他人一样。

我： 你过去偷了钱没有愧疚吗？

他： 呵！一点也没有！有人说"如果一个窃贼偷窃了另一

个，魔鬼也会笑的”。父母们满握着天晓得是怎样得来的钱财，他们是宫廷中人、财政家、大商人、银行家、工商业家。我帮助他们偿还我以及像我一样被他们雇用的另一伙人。在自然界中，一切的种类互相吞噬，在社会中，各种地位的人互相吞噬。我们互相执行刑罚，没有法律来干涉。从前是狄桑，今天是季莫①，替王爷对财政大臣报了仇，而替财政大臣对狄桑报了仇的就是服装店、珠宝商、室内装饰商、洗衣店、骗子、女佣人、厨子和马具商。在这一切当中，只有笨人或游手好闲的人吃了亏，不过没人在意他们，他们命该如此。从这里你就可以见到，关于这些大多数人所信奉的原则，或这些道德的习惯语，在“不义之财”的名称下，被人们这样地大惊小怪的，其实它们算不得什么东西，整个说来，只需正确看待就可以了。

我：我很钦佩你的眼光。

他：还有贫穷。当肚子在喊叫的时候，良心和名誉的呼声是很微弱的。等着吧，如果有一天我富起来，我一定要偿还，我也很有决心用一切可能的方式来偿还：吃好的，赌钱，喝酒和玩女人。

我：恐怕你永远不会富起来。

他：我也是这样想的。

我：但是如果事情意想不到地成真了，你怎么办呢？

他：我会像一切乍富的乞丐一样，我将是人们所曾见过的最

① 狄桑和季莫都是歌剧院的女舞蹈演员。

蛮横无耻的流氓。到了那时候我就会记得他们使我遭受的一切痛苦，我就会把他们施于我的侮辱回敬给他们。我想发命令，我就会发命令。我喜欢受称赞，人们就会称赞我。将有成群的维尔摩良的食客①伺候我，我会像人们对我说过的一样对他们说："来吧，恶棍，你们让我开开心吧"，人们就会使我开心。"你们去毁谤那些正直的人们吧"，如果世间上还找得到正直的人的话，他们就会毁谤这些所谓正直的人了。我们还要玩玩女人，在我们喝醉的时候，我们将互相轻慢地称呼"你"，我们将要喝得酩酊大醉，我们将要捏造些无稽之谈，我们不会缺少形形色色的恶习，那将是很快乐的。我们要证明伏尔泰是没有天才的，趾高气扬的布封不过是一个浮夸作家，孟德斯鸠不过是一个会卖弄些小聪明的人，我们要把达朗贝尔贬到他的数学里去。所有像你一样的小伽图②们，他们由于妒忌而轻蔑我们，他们的谦逊是傲慢的外衣，他们是因为需要才这样节制的，我们将要痛打他们一顿。至于说到音乐，那时就是我们创造音乐的时候了。

我：从你对于你的财富这个高贵的用途看来，我竟认为你是个乞丐，这对你是不公的。因为你将要采取的一种生活方式，对于人类是很大的荣誉，对于你的同胞是很大的利益，对于你是很大的光荣。

---

① 这里是指波勒的女婿，田赋包收人维尔摩良的门客。

② 伽图（公元前237-前142），罗马人，以严守道德原则著名。

他：我相信你是在讥讽我。哲学家先生，你不知道你是跟谁在打交道，你没有想到，这会儿，我代表了城市中和宫廷中最重要的一部分人。我们这些有钱人，不管干哪一种职业的，也许对他们自己说了，也许没有说像我刚刚泄露给你听的事情，但这是事实。我要是处在他们的地位将会过的生活，恰恰是他们正在过着的生活。你们这些人，你们就是这个样子，你们相信有一种适合所有人的幸福。这是多么奇怪的幻想呢！你们的那种幸福的前提是我们所没有的某种荒诞的心境，一种奇怪的气质，一种特殊的趣味。你们用德行的名义来装饰这种怪癖，你们把它叫作哲学。可是德行和哲学，它们适合一切人吗？谁能够拥有德行和哲学就拥有它们吧。谁能够保持它们就保持它们。不过想象一下满是贤智而懂哲理的世界，你要承认它将是非常沉闷的。请看吧，哲学万岁，所罗门的明智万岁！喝好酒、饱吃美味的菜肴，占有漂亮的女子，在柔软的床铺上睡眠，除此而外，其余一切根本不值一提了。

我：怎么！捍卫祖国呢？

他：无所谓了。再也没有什么祖国，从北极到南极，我只看见暴君和奴隶。

我：为朋友效劳呢？

他：没必要！难道一个人有朋友吗？如果有朋友，岂不是会把他们变成忘恩负义之辈吗？仔细注意一下吧，你就会看见，人们替朋友效劳所得到的收获，往往就是这样。感恩是一种负担，而一切负担就是为了要被摆脱而造出来的。

我： 在社会中有一定职位并且尽分内的责任呢？

他： 妄谈！一个人有或者没有一个职位，有什么关系呢？只要他有钱就行，既然他是为了致富而执掌一个职位的！尽责任，会引发什么结果呢？引起妒忌、烦恼和迫害。上升的通道是这样的吗？谄媚逢迎，天哪！谄媚逢迎，拜访大人物，研究他们的趣味，顺从他们的怪癖，为他们的罪恶服务，赞美他们的不义，这才是秘诀呵！

我： 关心孩子们的教育呢？

他： 没必要！这是一个家庭教师的事情。

我： 可家庭教师也认同你的原则，放弃他的责任，那么受害的将是谁呢？

他： 老实说，不会是我，也许有一天，是我女儿的丈夫或者我儿子的太太。

我： 可是如果他们两人都投身于放荡和邪恶的生活呢？

他： 那是符合于他们的身份的。

我： 如果他们有失身份呢？

他： 当一个人有钱的时候，无论他干什么都是不会失掉身份的。

我： 如果他们倾家荡产？

他： 他们就活该倒霉了。

我： 我看到如果你完全不管你的太太，你的孩子们，你的仆人们的行为，你也就很容易对你的事务不关心了。

他： 请原谅我，有时找钱是很困难的，老早就准备才是有远见的。

我： 你不关心你太太的利益。

他： 你最好说一点也不关心。一个人对于他亲爱的伴侣所能有的最好的办法，我以为就是随自己的意思去做。如果每个人都按照自己的意思行事，你不认为这社会将是顶有趣的吗？

我： 为什么不呢？每当我在早晨感到很愉快时，我才觉得晚上是分外美丽的。

他： 我也觉得是这样。

我： 正由于社交界的人物极端空闲，他们才这样讲究他们的娱乐。

他： 不是这样的，他们总是处在兴奋状态中的。

我： 既然他们从来不觉得厌倦，他们也就从来没有休息过。

他： 不是的，他们永远是厌烦的。

我： 对于他们快乐永远是一桩事务，而不是一种需要。

他： 那再好不过了，需要永远是一个烦恼。

我： 他们把一切消耗了，他们的心智愚钝起来了，他们觉得非常无聊。他们生活在富裕之中，感觉喘不过气来，如果有人这时取走他们的生命，就是为他们效劳了。因为他们所知道的快乐只是最快地消磨了的那一部分。

我并不轻视感官的快乐，我也有味觉，它能够欣赏精致的菜肴和甘甜美酒，我有一个心和眼睛，我喜欢看见美貌的女子。我爱用手来抚摩她的丰满有弹性的胸脯，用嘴唇吻着她的嘴唇，在她的眼波中吮吸着极度的欢乐，在她的怀抱里兴奋得昏过去。偶尔和朋友们来一个甚至有点放荡的狂欢的晚会，我也不讨厌。

但是，我不瞒你说，要是我帮助了一个不幸的人，办好了一件棘手的事，给人一个有益的劝告，读了一本满意的书，和知己的男友或女友来一次散步，和我的孩子们度过教育他们的几小时，写了满意的一页纸，尽了我分内的责任，或者对我所爱的人说了一些温柔的一往情深的话，赢得她用胳膊抱着我的颈项，在我会觉得更加的甜蜜。我知道有一些行为是我愿意放弃我所有的一切来完成的。《穆罕默德》是一本优秀的著作，但是我更愿意恢复对于加拉一家的纪念①。我认识的一个人在迦太基避难，他是一家中的幼子，在那个国家里有个惯例要把全部产业传给长子。在那里他听说他的长兄——一个宠坏了的孩子，在很容易地把他的父母的一切都抢光了之后，把他们从家里驱逐出来，这两位善良的老人家就一贫如洗地在外省的小城镇里过着悲惨的生

① 加拉是一个新教徒，他的儿子要想信天主教，加拉就把儿子杀死，因此他自己就被车轮碾死了。伏尔泰曾有一个作品叫作《由加拉之死论宽容》。

活。那时候这个被他的双亲苛待、因而流浪到远方去找寻财富的幼子怎么办呢？他接济他们，他匆忙地安排好自己的事务。他成了一个巨富回到家里去，他把父母接回自己的家里，他给妹妹们成了婚。呵，我亲爱的拉摩，这个人把这一时期看作他一生中最幸福的时光。当他对我说起这事的时候，他满含着泪水；当我把这故事告诉你的时候，我也感觉到心里喜悦得激动起来，简直快乐得说不出话来。

他：你真是个奇怪的人！

我：你又是多么可怜的人啊！如果你不相信人是可以超出自己命运的，而且，在这样两种高贵情操的庇佑下，感到不幸是不可能的。

他：那是我不太可能熟悉的幸福，因为人们很少遇到它。可是据你看来，人们应当正直诚实吗？

我：为了得到幸福，这是必需的！

他：可是我看到无数的正直人并不快活，还有无数的人，他们是快活的，却并不正直。

我：这只是你觉得如此。

他：我不正是瞬间表露了理性与诚实，才弄得今天晚上没了晚餐吗？

我：绝不是的。是因为你不是经常表现成这样，同时你没有及早地认识到，一个人首先要有独立生活的准备，以免受他人的奴役。

他：管它独立不独立，我给自己准备的至少是最舒适的生活。

我：同时却是最不安定和最不体面的生活。

他：但对于我这样的人，一个懒汉，一个傻子和一个无赖的性格，却是最合适的。

我：我同意。

他：既然我能够通过陋习得到快乐，而这陋习对于我是自然而然的，完全不费力气就可以得到，不用努力而巩固下来的，和我们同胞的习俗又极配合，并且也投我保护人的脾气，比起讨厌的德行来，陋习和他们烦琐的个人要求是更一致的，因为德行会从早到晚地向他们唠叨，让他们为难，我为什么要把自己变成另外一个人，去让自己获得一个完全陌生的性格，就得像一个被判入了地狱的人一样使自己受苦刑，这不就太奇怪了吗?

我承认这些性质是难能可贵的，对于它们的价值我没有异议，但这些性质却是要我费很大力气去获得和培养的，而且也不会产生什么结果，或者比毫无结果更坏，因为那样一来，我们所依靠的人一定会嘲弄像我这样的叫花子。人们歌颂德行，但人们却憎恨它，躲避它，它是冷冰冰的，而在这世界上人们必须使自己安乐舒适。并且，这样就必然会使我的脾气变坏，你晓得为什么我们常常看见虔诚的人这样冷酷，这样可厌和这样难以亲近吗？那是他们在勉力而为一种有违天性的事啊！他们受苦，而当人们受苦的时候，他们会让苦难更加难熬。这个对我是不适宜的，对我的保护人也是如此，我一定要快活、不拘泥、有趣、滑稽、可笑。德行令人肃然起敬，但尊敬是不愉快的。德行令人钦佩，而钦佩是无乐趣的。我所要应付的是些感到生活厌倦的人，我要使他们发笑，而滑稽和愚蠢会令人发笑，所以我应当是滑稽和愚蠢的。如果我的天性不是这样的，那么最简捷的办法便是装成这个样子。幸而我还无须是一个伪君子，因为已经有各色各样的这么多的伪君子了，这还不包括不承认自己是伪君子的人。

请看那个莫里哀骑士，他把帽子斜戴在耳朵上，高抬着头，用轻蔑的眼光斜视着路过的行人，他所佩戴的长剑在腿旁摇晃着，他准备随时给不佩剑的人侮辱，好像是要对一切迎面而来的人挑战一样，他是在干什么呢？他是尽一切可能来使自己相信，他是一个勇敢的人，可是他却是一个懦夫。如果你在他鼻端用指头弹一下，他会恭顺地承受着。想让他小声点？那么你提高自己的声音。对他举起你的手杖，或者踢他的臀部，他十分惊讶地发现自己是一个懦夫，他会问你：谁告诉你的，你从哪里看出来的？因为一分钟之前他自己也不知道啊。由于长期地模仿着勇敢的姿态，使他自己也受骗了。他这样长期地装模作样，以至自己也信以为真了。

还有那个妇人，她抑制自己的情欲，她到监狱去访问，她参加所有的慈善集会，她走路时眼睛低垂，不敢正视男子一眼，提防着感官的诱惑，尽管如此，她的心脏还是燃烧着，她还是唉声叹气，她的情欲还是激动起来了，她为热烈的欲望所缠绕着，她的想象力还是昼夜追忆起放荡的景象和姿态来。她发生了什么事呢？夜里穿着睡衣从床上起来奔去援救她的大声呼喊的女主人的这个侍女，会怎么想呢？唉，瑞丝廷，回去睡吧，你的女主人在梦呓中所呼唤的并不是你啊！至于朋友拉摩，如果有一天他开始厌弃财富、女人、美味和闲暇，品行端正起来，那么他会变成什么呢？一个伪君子。拉摩要保全他的本来面目，许多富有的强盗中间的一个快活的强盗，并不是一个自诩道德高尚的人，也不是一个有德行的人，更不是独自地或和叫花子在一块啃着面包皮的人。坦白地说，你的那种幸福，像你这样的一些梦想家的幸福，对我是十分不合适的。

我：我明白了，亲爱的朋友，你并不懂得什么是幸福，而且你也是学不来的。

他：那再好不过了！这种幸福将会使我饥饿、厌烦并且也许悔恨得要死的。

我：那么，我所能提供你的唯一的劝告就是，赶快回到你因鲁莽而被驱逐的那一家里去。

他：去做那件按字面意思你并不反对，但是按背后意思却是颇嫌恶的事情？

我：我是这个意思。

他：除了这件此刻使我不快而别的时候这个暗讽并不会让我不快。

我：多么奇特的事情！

他：一点也不奇特。我很愿意轻蔑自己，可是不要出于强迫，我愿意降低我的尊严——你笑了？

我：是的，你的尊严使我发笑。

他：每人都有他自己的尊严，我愿意忘记我的尊严，可是要出于我的意愿而不是出于他人的命令。当他们告诉我“爬”，我就得爬吗？那是蛆虫的行为方式，那也是我的，当我们被允许自由行动的时候，我和蛆虫都采取了这种方式，但当我们的尾巴被践踏的时候，我们就要翘起来。我的尾巴就是被践踏着，我翘了起来的，而且你不会知道那是一个多么糟糕的场所。试想类似一位患忧郁症的可厌的人物，充满胡思乱想，裹着一件比他大两三倍的睡衣，他对自己及一切都充满了厌恶，尽管你把你自己的身和心扭成一百种不同的样子，也无法使他笑起来，当我的脸孔做出滑稽的鬼脸，用尽全部心智做出更滑稽的怪相的时候，他完全不为所动地注视着。不瞒你说，那个做鬼脸如此出名的恶劣的本笃会修士诺埃神父，虽则在宫廷中大出风头，跟我比起来不过就是一个木偶罢了——我这样说并没有夸奖自己也没有夸奖他。我徒劳做了一切，力求达到疯人院的极高造诣，但是没有效力。他究竟笑呢，还是不笑呢？我一面在表演着，一面不得不这样自问，你要明白，这样的不自信对一个天才人物是多大的伤害。我的忧郁症患者把脸孔埋藏在遮住眼睛的一顶睡帽里，看来好像一个毫不动弹的木偶，它的下颌缠着一根绳子，绳子末端垂到椅子底下。你等绳子拉动，可是根本没动，或者，如果偶然下颌张开了一点，那是要发出令你难过的只言片语，这难得的几个字告诉你说，你根本没有受到注意，所有你的猴子把戏都是白费气力的。那几个字是回答你在四天以前对他提出的问题，这话说过了之后，筋肉松弛起来，下颌又合拢来了……（于是他开始模仿那个人。他坐在一张椅子内，头不动，帽子戴到眉毛上，眼睛半闭着，臂膀垂下来，像木偶一样地摆动他的颌骨，说着“是的，小姐，你是对的，是要保持这样”。）他就是这样决定的，他就是经常地和最终地这样做决定的。晚上和早上、在漱洗时、在吃饭时、在喝咖啡时、在赌博时、在戏院里、在晚餐时、在床上。还有，上帝饶恕我吧，我相信在他的情妇的怀抱里也是。在最后这个场合的决定，我是没有机会听见的，但我对于一切其他的决定，已经非常厌倦了。忧郁的、深奥的，就像命运一样，我的保护人就是这样。和他相对的是一位神态十足的女疯子，人们同意她是美丽的，因为她还有姿色，虽则她的脸孔上这里那里有一些斑点，而且她也赶上布维龙夫人的胖了。我喜爱美丽的肉，可总是太多，运动真是物质的本质啊！

一、她比一只鹅更顽劣，更骄傲，更愚蠢；

二、她自作聪明；

三、你得说服她，你相信她比任何人都聪明些；

四、她什么都不懂，可她的话也是有决定性的；

五、你得拍手赞成她的决定，快活得跳跃起来，目瞪口呆地佩服她，这是多么优美，多么精巧，辞藻多么美丽，观察多么锐敏，感情多么独到！女人从哪里得到这些呢？没有学习，纯粹由于本能的力量，纯粹由于天赋的智慧，这简直是奇迹。

然而人们却要我们相信经验、学习、思考、教育决定着这些，这全是蠢话，于是你流下了快活的泪水。一天里你最少要鞠十次躬，一条腿向前跪下，另外一条腿退后，双臂向着这个女神伸开，你要看出她眼里的内容，听命于她的嘴唇，听候她的吩咐，然后像闪电一样地跑开。这样的角色谁能胜任？当然是那个一星期要有两三回需要平息肠肚痛苦抗议的可怜虫。对于另外一些人，像巴里索、佛勒龙、普恩西纳、巴吉拉[①]，他们并不贫穷，他们的奴颜婢膝无法用辘辘的饥肠来解释，你又对此有何感想呢？

我：没想到你这样不好对付。

他：也不是这样。开始我只是看别人咋样我就咋样，可以说我做得更好些，我从不隐瞒我的无耻，更好的丑角，更饥饿些，

① 巴吉拉，18世纪的诗人和剧作家，作短小的爱情诗歌，也写作悲剧。

具有更强壮的肺。我就像是著名的斯腾托耳[①]的直系后代一样。（为了让我确定他的肺活力，他开始剧烈地咳嗽，竟令咖啡店的玻璃窗都震动了，下棋者的专注都被打断了。）

我：但这个才能有什么用处呢？

他：你想不出吗？

我：想不出，我是有点笨的。

他：如果展开争辩，又一时难决胜负，我就站起来，发出我的雷霆般的声音："就像小姐所断定的，这才叫作判断啊！我们一百个聪明人也难以超过，这才是天才的决断。"但是决不可每次都以同样的方式来表示赞美，如果总这样，不仅显得单调，更显得不诚实，也失去了趣味。避免这些要全凭判断力和随机的才智，你必须善于准备和安排这个不可抗拒的和坚决的声调，抓住适当的机会和时间。例如，当出现了不同意见，当争辩达到顶激烈的地步，当人们不再听别人说话。大家同时在说话，你应该避开到旁边，在离开战场最远的角落，用长时的沉默来准备爆发，然后像炸弹一样突然抛进争辩者中间，这个伟大的艺术没人比我掌握得更好。但是我真正卓越的地方却在相反的方面，我有伴着微笑的柔和声音，有表示赞成的无限多样的脸部表情，这是需要鼻、口、额、眼睛全部参与的艺术，我的腰部是这样柔顺，还有背脊骨可以这样扭转，肩膀这样耸起或垂下，手指这样伸开，头

① 斯腾托耳，荷马史诗《伊利亚特》中的人物，以声音洪亮著名。

这样倾侧，眼睛这样闭拢，神态这样诚惶诚恐，就像听见神圣的天使的声音从天上下来一般，这才真是恭维。我不晓得你是否认识了这最后一个姿态的充分力量，这神情不是我发明出来的，但我却是最佳表演者。看吧，看吧。

我： 的确是独一无二的。

他： 你觉得哪怕只有一点虚荣心的女人不被这样的大脑所控制吗？

我： 是的，我得承认你把做丑角和自轻自贱的天才已发展到炉火纯青的程度了。

他： 随他们怎样练习，所有他们一伙人，永远达不到那种程度。他们中间最好的一位，例如巴里索，也不过是一个好学生罢了。但是，如果扮演这一角色在开始时还觉得有趣，如果你由于从心底里嘲笑这些沉醉于你的艺术的人们的愚蠢，从而觉得一些快乐，但这终是一个不可持久的快乐。很快，在有了一些新的点子后，你不得不重复已经做过的，因为聪明和艺术都有它们的期限，只有上帝或少数稀有的天才会觉得他们走得越远，路途就越广阔。波勒[①]也许就是其中的一个，他的某些发明在我看来，是的，甚至是真正卓越的。小狗、幸福的书、凡尔赛路上的火把，这些真的令我折服，这是足以使人厌弃自己所有本事的。

---

① 波勒，是一个田赋包收人。这种田赋包收人只交一定数额的田赋给国家，其余能收多少就都可落入私囊。

我：你说的“小狗”是什么意思?

他：你是从哪里来的?老实说，你真不知道这位罕有的人物怎样设法使小狗对自己的感情转移到喜欢这个小动物的掌玺大臣身上吗?

我：我承认我完全不知道。

他：那就更好。这是一个人所能想到的最美好的事情之一，整个欧洲都为这事情而惊奇赞叹，它激起每一个廷臣的羡慕。你不缺少聪明才智，让我们看看，你处在他的地位会怎么办。要记得这狗是爱波勒的，同时掌玺大臣奇怪的服饰也让这个小动物害怕，还要记得只有八天的时间来克服这些困难。只有知道这个问题的一切条件，才能充分鉴赏解决这个问题的绝妙之处。

我：嗯，我得承认，这一类的事情，看似简单但也使我为难。

他：听着（他轻拍着我的肩膀对我说，表示他的亲密），听着并且叹服吧。他做了一个像掌玺大臣的面具，他从跟班那里借来一件长袍。他脸上戴着面具，穿起了长袍，他呼唤他的小狗，他爱抚它，他给它饼干。接着突然地，他换了服装，不再是掌玺大臣，而是波勒在呼唤小狗和鞭打它了。这样从早到晚地练习了两三天，小狗便学会了逃开田赋包收人的波勒而跑到掌玺大臣的波勒那里，看我是多好心，你是一个无信仰者，是不配知道在你周围所发生的奇迹的。

我：不过，我还是请求你，书和火把是怎么回事？

他：不，不。问问街上的人，他们就会告诉你这些事情，请利用我们在一起的机会，来打听一些只有我才知道的事情吧。

我：好吧，就说只有你知道的吧。

他：借了掌玺大臣的长袍或假发，我忘记那假发了。做了一个像掌玺大臣的面具，这面具使我佩服得五体投地，结果就是这个人享有最高的荣誉，获得了亿万的钱财。有些人得到了圣路易的十字勋章，但总是饥肠辘辘，所以为什么冒着生命的危险去追求十字勋章呢？为什么不找寻没有危险又绝不缺乏报酬的职业呢？这就是我们说的好高骛远。这样的先例真是让人心灰意冷，除了可悲的自怜还伴随着自厌。那个面具呵！那个面具呵！如果我能想出那个面具，就是折断了一根手指也在所不惜！

我：但是像你这样具有对于美好事物的这种热心且这样多才多艺，难道你没有发明什么吗？

他：请原谅我。例如，像我对你说过的用背部来赞美的姿势，我把这个认作是自己的发明，虽则嫉妒者对于这个也许要争为己有的。我相信从前也有人用过这个姿势，但是有谁认识到它如何便于暗暗嘲笑自己所表示钦佩的傻瓜呢？我有一百种以上的方法，能在母亲的身边去引诱一个年轻姑娘而不让母亲知道，甚至让她也做了帮手。在我刚从事这一行业时，我就已经瞧不起那些通常的传递情书的方法了，我有十种方法叫人从我的手上拿走情书，我可以夸奖自己一句，这可是我独创的方法。最重要的是我让一个胆小的年轻人学会如何拥有勇气，我曾使一些既无才又无貌的人得到了成功。这些如果都写下来，我相信人们会承认我是有些天才的。

我：你会得到特殊的荣誉。

他：我毫不怀疑这点。

我：我要是处在你的地位，我就会把所有这些事情都写在纸上，它们失传了将是很可惜的事情。

他：你说得对，不过你猜不到我是多瞧不上那些成功方法和格言的，看说明书学习经验的人是不会有大出息的。许多天才都读得很少，实践很多，全是无师自通的。请看恺撒、杜雷纳、沃班、邓珊侯爵夫人，她的兄弟红衣主教，红衣主教的秘书、特吕伯勒院长，还有波勒，谁教过波勒呢？谁也没有。这些全是天生的奇才。你见过什么典籍中关于狗和面具的记载吗？

我：但在你空闲的时光，当你腹内空空的痛苦或吃得太饱令你不能入睡的时候……

他：我考虑一下吧，著述大事情比做小事情要好些。那时你的灵魂会升华，你的想象力会爆发、燃烧和扩张起来。有时它会收缩，如果在小胡丝身旁，对那些愚蠢的观众表示惊讶，说他们竟这样固执地对扭捏作态的丹格维喝彩，她的演技是如此平庸，她几乎弯腰到地在台上行走，她老是装模作样地注视着同她对话人的眼睛，眼神又那样飘忽不定，而且自以为她的做作表情是美妙的，又觉得她的小快步是雅致的。又说他们对那个夸张的克拉克同样大声喝彩，其实她比你所能想象得到的更干瘪，更不灵活，更矫揉造作，更不自然，那些愚钝又狂热的观众对她鼓掌，却没注意到我们这里才是最美的景色。的确这个景色似乎略显臃肿，但有什么关系呢？——我们这里有最美的皮肤，最可爱的眼睛，最甜蜜的口，虽然感情不太丰富，走起来也不太灵活，但也没有如他们所说的那样笨拙。在另一方面呢，关于感情的问题，是没有任何人可以使我们让步的。

我：这些都是什么意思？这些究竟是讥讽还是实话呢？

他：很不幸，这种非凡的感情是完全在里面的，在外面是星点也见不到的。但我现在对你说，我知道她有这东西，我很清楚地知道。如果不确切是感情，最起码是像感情的东西。你应当看见，当我们发脾气的时候，我们怎样对待我们的男仆，怎样打我们女仆的耳光，那个财务总监①如果对我们有稍欠尊敬之意，就会被我们用脚粗暴地踢一顿。我告诉你这是一个充满感情和尊严的小泼妇……唔，怎么样，你觉得莫名其妙是不是？

我：我承认我猜不透你说这些话究竟是出于真诚或恶意。我是一个老实人，你还是发发善心，直截了当地对我说，把你的艺术放在一边吧。

① 胡丝的情人贝尔廷是财务总监。

他：唔，这就是关于克莱龙和丹格维的事，我们关于小胡丝所谈的话，其中穿插着几个刺激你的字眼。我允许你把我看作一个无赖，但万不可把我看成是一个傻瓜，只有一个傻瓜或一个坠入情网的人，才会真诚地说出这么多蠢话来的。

我：是什么让一个人决心说出这些话来了呢？

他：这不是突然地做出来的，而是一步步地逐渐达到的，饥饿的肚肠是让人有了这些机智。

我：它一定是由残酷的饥饿所促成的。

他：也许是的。你可能觉得这些话有些夸大其词，但是请相信我吧，他们听这些话比起我们敢于说这些，更加的习以为常。

我：在你们这一伙中有没有一个人有勇气和你持同样的见解呢？

他：你说一个人？所有我们这群人的思想和语言都是这样的。

我：你们当中那些人不是大无赖的，一定是大傻瓜了。

他：我们当中的傻瓜？我可以对你发誓，这样的傻瓜只有一个，就是那个款待我们、让我们可以欺骗他的人。

我：但一个人怎么会让自己这样明显地受骗呢？因为丹格维和克拉克的卓越的天才是有目共睹的。

他：对于取悦我们的谎言，我们总是整个地吞咽下去的，一个我们觉得有苦味的真理总是被浅尝即止的。而且，我们装出了这样真诚的样子！

我：然而，你一定有时会违反艺术的原则，不小心让这种伤人感情的苦涩的真理流露出来的。虽然，你扮了这样一个可怜、卑贱、下流和可怕的角色，我相信你内心深处是敏感的。

他：我？一点也不。如果我知道自己骨子里是什么，那才是活见鬼。一般说来，我的心像皮球那样圆，我的性情像柳枝那样直，决不会说谎，只要这个谎言对我是无益的。也决不会诚实，只要不诚实对于我是有点好处的。我想到什么就说什么，如果所说的是合情理的，那就更好，如果是荒唐话也不管它。我总是信口开河，我一生中从来没有在说话之前，在说话当中，或在说话之后好好想一回的，这样反倒使我从没有得罪过谁。

我：然而你却得罪了那些款待你的善良人，他们曾经给过你很多恩惠的。

他：你要怎么样呢？那是一个不幸，一个人在生活当中总会遭遇到倒霉的时候。快乐从来不是永恒的。我曾经是太幸福了，所以那是不会持久的。就像你知道的，我们有的是数量很大的和很杰出的一伙人，这是一个人道的学校，是对古代好客之风的复兴。所有潦倒的诗人们，我们把他们聚集拢起来：写了《撒拉》之后的巴里索和写了《孤儿》之后的伯勒，所有不受欢迎的音乐家，所有没有人读其作品的作家，所有被嘘的女演员，所有被嘲骂的男演员；一帮可耻的可怜人，一群寄食者，我光荣地做了他们的领袖，怯懦的一伙人中勇敢的领袖。他们初次到来时鼓励他们去吃的是我，吩咐拿酒来给他们喝的也是我！他们占的地方这么小！

一群衣衫褴褛的年轻人，他们不晓得把头朝向哪一面是好，但他们还保有了一点整洁的仪容。其他的是无赖汉，他们哄骗着那个保护人，把他弄去睡了，以便在他之后得到女保护人的好处。

表面上我们是快乐的，但内里是又饿又暴躁的人。狼没有我们贪婪，虎没有我们残忍。我们像狼一样吞噬着，当大地被白雪覆盖的时候，我们像虎一样把每一个成功者撕个稀巴烂。有时候贝尔廷的一伙，蒙叟的一伙和维尔摩良的一伙碰在一块了，于是动物园中就喧嚣起来。从来没有人在一个地方看见过这么多郁闷、乖僻、恶毒和发怒的野兽。你听见布封、杜克洛、孟德斯鸠、卢梭、伏尔泰、达朗贝尔和狄德罗的名字被提起，上帝知道这些名字被冠上了什么样的形容词。任何人如果不是像我们一样的愚蠢，那他的智慧也不配得到我们的承认，喜剧《哲学家》①的计划就是在这里想出来的。《小贩》那一场是由我仿照《远古的神学》所提供的。在这里面你也不能幸免，就跟其他人一样。

我：那就更好了。没准人们给予我的荣誉超过我所应得的。他们对这么多的聪明正直的人说了坏话，若对我说起好话来，倒令我感到羞耻了。

他：我们的人数众多，这就要求所有人都要贡献出一份来，在较大的动物被牺牲之后，我们就要宰割其他的了。

我：为生存而对科学和道德加以羞辱，这些面包的代价是很

① 巴里索的作品。

高了。

他：我已告诉过你，我们什么都无所谓，我们辱骂了所有的人却并不伤害任何人。有时候和我们在一起的是笨重的奥里弗院长、胖子拉·勃朗院长、伪君子巴德。胖子院长只在进餐之前才是恶作剧的，喝了咖啡以后，他就倒在靠椅里，两脚翘起靠在炉架上，像栖息在枝上的一只老鹦鹉那样睡着了。如果大家吵得实在太凶他就打个呵欠，伸伸胳膊，擦擦眼睛说："哎，哎，怎么回事，怎么回事？"

"我们正在讨论着皮洪是否比伏尔泰更富于辩才。""让我弄清楚，你们谈的是辩才吗？不是谈趣味吗？因为，说到趣味，你们的皮洪是一点也不知道的。""一点也不知道？""是的。"

于是我们便开始了关于趣味的论辩。这时保护人用手表示大家要听他说话，因为他认为趣味是自己值得夸耀的特质。"趣味，"他说，"趣味是一种东西……"老实说，我是完全不理解他所说的趣味是种什么东西，当然他自己也是不知道的。朋友洛贝有时和我们在一起，他把他的淫秽的故事，把他所亲眼看见的癫痫症患者当中发生的奇迹及他用他深知内部秘密的一个题材所做的诗歌中的一些篇章，作为聚会的大餐。我讨厌他的诗歌，可是我喜欢听他朗诵。他的神情就像有魔鬼攀附，在他周围的人都叫起来："这才是一个真正的诗人呢。"不瞒你说，这诗不过是各种嘈杂声音的混合，是巴别塔的居民们的野蛮的喧嚣罢了。有时候也来了一个倒霉蛋，他外貌显得平庸愚蠢，但他却如魔鬼一样机智，比一个老猴子精还更狡猾些。这是引人嘲笑和轻侮的脸孔中的一个，这是上帝特意选出来让那些以貌取人的先生受到教训的，最后会有一面镜子让这些先生们知道，一个聪明人生了一个蠢相貌，正如在一个聪明的脸孔底下隐藏着一个傻瓜一样，都是很容易的事情。最简单的卑劣之事是怎样的呢，牺牲一个好人来娱悦其他的人，这位先生就常常成为这样的牺牲品。这是我们给所有新来者设下的一个陷阱，我还没见过一个人不掉下去呢。（这个傻子关于人们和性格所做的观察是如此准确，有时使我觉得惊讶，我这样告诉了他。）

他：一个人从坏的伙伴中可以得到好处，是跟从放荡中得到好处一样的。他丧失掉的纯朴与天真又在他失掉的偏见那里找回来了。在同恶棍们一起生活当中，罪恶是赤裸裸且从不加以隐藏的，所以可以很快认识他们。当然我也从书本中得到了一些知识。

我：你读了些什么书呢？

他：我曾经读过，现在还在读，而且不停地反复读着狄奥弗拉斯、拉·勃里埃和莫里哀①。

我：这都是些很好的书。

---

① 狄奥弗拉斯（约公元前372–前287），希腊哲学家，亚里士多德的学生；拉·勃里埃（1645–1696），法国著名作家；莫里哀（1622–1673），法国著名喜剧家。

他：它们比你所想象的还要好得多，可对如何读懂它们却没有几个人能知道。

我：人人都知道，按照他的智力的程度。

他：可以说一个人也没有，你能告诉我读它们的人在这些书里找寻什么东西吗？

我：快乐和教训。

他：是什么样的教训呢？这才是关键所在啊。

我：对于自己责任的认识，对德行的爱慕和对恶的憎恨。

他：我呢，我在那里面学到一切应该做的和一切不应该说的。这样当我读《吝啬鬼》的时候，我对自己说：要是你愿意就做一个吝啬鬼吧，可是留神说话不要像个小气鬼一样。当我读《伪君子》的时候，我对自己说：要是你愿意就做一个伪君子吧，可是不要说话像个伪君子。保留那些对于你有用的恶习，但在表面上却不可带出这样的神情来，因为这是会使你变得很可笑的。要想避免这样的气质和外貌，你必须熟识它们，现在这些作家已做出了它们的很卓越的画像。我就是我，而且永远不会改变，但我要合适地行动和言谈。

我并不属于轻视道德家那一派，道德家可以获得许多好处，尤其是那些把道德付诸实践的人们。恶行只是偶尔得罪人，恶行的表现却从早到晚地得罪人。是一个傲慢的人比有傲慢的态度也许还好些，性情傲慢只是有时给人以侮辱，态度傲慢却经常侮辱人。千万不要觉得我只是唯一一个这样的读者，但有一点我要说明一下，我不过是系统地、意义确切地从合理的和正确的观点做了大部分其他的人凭本能所做出来的事情罢了。结果，他们的阅读并不使他们变得比我好，却让他们变得可笑起来，而我却只当我喜欢时才是这样，仅这点我就超出他们太多了，因为这个教我在有些时候避免可笑的艺术，也教我在另外一些时候巧妙地掌握了这些可笑的技巧。这时我记起一切其他的人所说的，一切我所读过的，然后我再把那些在我自身土地上生长出来的添加上去，于是这个种类就丰富异常了。

我：你把这些秘密泄露给我是很好的事情，否则我会认为你是表里不一的。

他：我一点也没有表里不一。若需要有一次避免可笑，就要一百次应该追求可笑。在大人物的身边除了傻子以外没有更好的角色了。自古以来就有“国王的小丑”这个官衔，可是却从来没有人领过“国王的聪明人”这个官衔。我是贝尔廷和其他许多人的傻子，此刻也许还是你的傻子，不过也许你是我的，一个真正的聪明人是不会有傻子的，因此有一个傻子的人不是聪明人，如果他不是聪明人，他就是傻子。如果这个人是国王，他就是他的傻子的傻子。而且，你要记住，关于像道德这样一个变化莫测的题目，没有任何绝对的、本质的、一般的真或假的东西，除非你一定要按照自己的利益而决定怎样，好或坏，聪明或愚蠢，可敬或可笑，正直或邪恶。如果德行偶然可以致富，那么或者我就是有德行的，或者我就和其他的人一样假装是有德行的。人们要我可笑，我就把自己培养成可笑的，说到邪恶的，那全是自然自己的事情。当我说邪恶的时候，我就要使用你的语言，因为如果我们要说明白，很可能是这样的情形，我叫作德行的东西你叫作邪恶，而我叫作邪恶的东西你却叫作德行。我们还有喜剧院的作家们，他们的演员和女演员，更常见的是他们的老板哥碧、摩埃，都是有才能和很高名誉的人们，我忘记说了那些伟大的文学批评家们——先驱者、小海报、文学年鉴、文学观察家、每周评论，整整一群的专栏作家。

我： 文学年鉴、文学观察家？那是不可能的，他们互相憎恶。

他： 不错，可是所有的乞丐在食物旁边都和好了。这个该死的“文学观察家”，但愿魔鬼把他和他的报刊带走了！这个狗一般的吝啬无耻的小教士兼高利贷者，他就是我的不幸的原因。昨天他第一次出现在我们的地平线上，他是在把我们所有人从洞窟里赶出来的那个时辰——正餐的时辰到来的。当遇到坏天气时，我们当中要是谁的衣袋里有二十四个苏可以雇一辆车，他就是最幸运的人了。嘲笑他的同伴早晨到来时满身泥污衣衫尽湿的那个人，当他晚上回家时也许是同样狼狈的。我们当中有一个人，我忘记是谁了，他在几个月以前跟大门外的那个擦鞋人有过一次激烈的争吵。他们有些金钱往来，债主要他的负债人清还，负债人没有钱，可是如果他要上楼去，便躲避不了他的债主。

开始用餐了，修道院长是贵宾，坐在桌子的首位。我进来了。我看见他，我对他说："院长，怎么？你是主席吗？今天这样没错，可是明天就要请你退到下一个座位，后天退到再下一个座位，这样地，由一个座位到一个座位，或是右边，或是左边，从有一次我在你之前曾占过的那个位置，佛勒龙有一次在我之后，道拉有一次在佛勒龙之后，巴里索有一次在道拉之后占过的那个位置，一直遇到一个固定的座位，紧靠着我，你我可拥有同样下流的东西，Qui siedo sempre come un maestoso cazzo fra duoi coglioni。"[①]

院长是一个性情和善的家伙，什么都不在乎，笑起来了。小姐认为我的观察正确和我的说法恰当，也笑起来了，所有坐在院长右边或左边因他而移一个座位的人都笑起来了，所有的人都笑起来，除了我们的主人，他发了怒，说了一些话来责骂我，如果只有我们两人在一起，这些话倒是无所谓的……

"拉摩，你太无礼了。"

"这我很清楚，正是这个原因你才收留我的啊。"

"你是一个恶棍。"

"跟别人一样。"

"一个叫花子。"

① 一句下流的玩笑话。

“不然的话，我会在这里吗？”

“我要把你赶出去。”

“吃完饭以后，我自己会走的。”

“你最好是这样。”

大家继续用餐，我并没有少吃一口，在吃饱喝足之后，——因为这究竟是没有关系的，肚皮先生是一位我从不亏待的人物。我就下了决心准备离开了，因为我已当着那么多的人说了，所以不能不遵守我的诺言。我在屋子里转了很久，在没有手杖和帽子的地方找寻我的手杖和帽子，同时一直期望着保护人大发雷霆再辱骂我一番，于是有人出来劝说，而在他把怒气发泄完后我们终于和解了。我就在屋里这样瞎转着，因为我心里是完全不在意的，可是我的保护人在屋子里肆意地走来走去，拳头顶住下巴，帽子拉得比平常更低些，脸色比起《荷马史诗》中对着希腊军队放箭的阿波罗还要阴沉。

小姐走到我跟前来，“到底怎么回事，小姐，发生了什么不寻常的事情吗？难道我今天和平常有什么不同吗？”

“我要他离开，——我要离开的……我对他并没有失敬。”

“请原谅我，院长是被请来的，而且……”

“他请了院长，又把我和其他同我一样的许多无赖收留下来，他这已是对自己不尊重了……”

“来吧，亲爱的拉摩，你要来请求院长的原谅。”

“我不需要他的原谅。”

“来吧，来吧，这一切都会过去的。”我的手被拉着，我被带到院长的靠椅边，我伸出臂膀，带着一种钦佩的神情瞧着院长，因为有谁曾经请求过院长的饶恕呢?

“院长，院长，”我对他说，“所有不都太可笑了吗？”于是我笑起来了，院长也笑了。我已在这一方得到了宽恕，可是还要向另一方面接近，而我所要对他说的却是另外一个问题。我已不大记得我是用怎样的措辞来道歉的：

“先生，这个傻子在这里，……”

“他已经使我苦恼得太久了，我不愿意再听人说起他……”

“他惹人生气……”

“是的，我十分生气。”

“他再也不会这样了……”

“天字一号的坏蛋……”

我不知道是不是正碰上了他的发脾气的日子？是小姐害怕他并只能用温柔态度接近他的日子？还是他听不见我所说的话，或是我说错了话，但事情越弄越糟了。真是见鬼！难道他不认识我了吗？难道他不知道我就像个孩子一样说话无所顾忌吗？这时我相信，上帝饶恕我吧，我的心将不再有平静的时刻了。就是一个铁制傀儡，从早晨到夜晚又从夜晚到早晨不停地被牵动拉线，也会被弄得精疲力竭的。我得要令他们开心，这是唯一的办法，可是有时我自己也得开心一下啊。在这个心绪纷乱当中，我脑海里来了一个致命的念头，这个念头使我妄自尊大起来，使我感到骄傲和蛮横起来——这就是人们为何离不开我，我是一个了不起的人物。

我：是的，我相信你对于他们是很有用的，可是他们对于你就更是这样。要是你去再去找，也再不能找到这样一个好的去处了，但他们要是缺少一个傻子，还可以找到一百个的。

他：一百个像我一样的傻子！我的哲学家先生，他们不是这样好找的。平庸的傻子，是的。人们对于傻子比对于才能或德行是更加挑剔的。我在我这一类中是罕见的，是的，十分罕见。现在他们再也没有我了，他们怎么办呢？像狗一样的无聊。我这里有取之不竭的荒唐玩意儿。每一瞬间我都有一个笑话，会令他们笑到流出眼泪来，对于他们我简直是整个的疯人院。

我：所以你有吃的，床、衣服、背心和裤子、鞋子和每月一个比斯托尔。

他：这是好的方面，这是收益，可是代价呢，你却没有提及。首先，如果传闻有什么新的剧本，不管天气怎样，我得要寻遍巴黎的顶楼，一直到我找着了这剧本的作者，要想法设法读到这个作品，并且要巧妙地暗示着这戏里有一个角色，要是可以由我所认识的一个人来扮演就会达到尽善尽美了。

“是谁呢，请你说。”

“谁吗？问得妙！她是优雅、玲珑、精致。”

“你是说丹格维小姐吗？难道你认识她吗？”

“是的，有点认识，可是不是她。”

“那么是谁呢？”我就低声说出名字来。

“她！”

“是的，就是她。”

我有点害羞地重说一遍，因为我有时觉得羞耻，当再次说这个名字时，你得看见诗人怎样拉长了脸，或者在别的时候，他怎样当着我的面笑出声来。然而，不管他喜欢不喜欢，我得要把他带回来吃饭，而他害怕要做出什么许诺，总是推托，表示辞谢。你应当看见当我的洽谈不成功时会受到怎样的待遇，我成了一个粗鲁的人，一个傻瓜，一个愚蠢的人，我是一无是处的，我的价值还不如别人给我喝的一杯水。当一个剧本在演出时就更糟了，我得要在观众的叫骂声中——不管你怎样说，观众总是最好的评判者——大胆地进去，使人听见我的孤独的鼓掌声，吸引他们来注意我，有时把对女演员的嘘声引到自己身上，听见在我身边有人耳语：“这是她情人的一个仆从装扮的，这个混蛋不能安静下来吗？”人们完全不知道能驱使一个人做这些事情的是什么，人们以为这是愚蠢，然而这却是一个可以完全被原谅的动机。

我：甚至是触犯国家的法律？

他：但到了最后，人们认识了我，他们说：“呵，这是拉摩……”我的策略便是放出几个讽刺的字眼，这就让我那孤独的掌声不会引起太多的耻笑，人们会从另外一个角度来解释的。你得承认，必须有巨大的利益才能使一个人这样向如此多的观众挑战，而且每一个这样的苦差是不应该只值一个银币的。

我：难道你不设法给自己找一些援助吗？

他：这情形也是有的，我在这上面还得到一些利益。在去遭受这些苦难以前，须得要在记忆中装满了精彩的段落，找一个示范的地方。如果我偶然忘记了它们，或者犯了错误，那会让我回到家都要发抖的。你想不到这将是怎样的聒噪，在屋子里还有一群狗要我照顾，的确，这工作是我愚蠢地自己要求负担起来的，有猫也得我去看管。如果米古赏我一爪，抓破我的套袖或手，我就太幸运了。克里格害着疝痛症，给它按摩肚腹的也是我。小姐从前有忧郁症，现在变成了神经衰弱。我就不提其他轻微的疾病了，在我面前这些是毫无拘束地被谈论着的。这是无所谓的，我绝不是打算使人受拘束的。我忘了在哪里读到的，一个号称大帝的君主，有时靠在他情人的马桶的背上。一个人对待和自己亲近的人总是很随便的，那些日子我比任何人都更随便些。我是狎昵和随便的使徒，我用实际行动来宣传它们，却没有得罪什么人，只要给任我自由就行了。我已经给你描画了保护人的轮廓，小姐开始长胖起来了，你应该听听他们关于这题目所说的有趣的故事呢。

我：你不会是这种人吧？

他：为什么不呢？

我：因为对自己的恩人加以嘲笑，至少是不合适的。

他：但是对人有恩惠就自认有权轻贱受保护者，岂不是更坏吗？

我：但是如果这个受保护者自己不甘卑贱，任谁也不能给保护人以这样的权利。

他：可是如果这些人物自己并不可笑，谁也讲不出什么可笑的故事的。并且，他们结交下流人，难道这是我的过错吗？他们既然结交下流人，如果他们被出卖、被讥笑，难道这是我的过错吗？当人们决心要跟我们这样的人在一块生活，要是他们有常识，他们应该预期到会有太多丑恶行为的。当他们收留我们的时候，难道他们不晓得我们的本性是自私的、卑劣的和背信弃义的灵魂吗？如果他们是了解我们的，那就很好。彼此就有了不言而喻的契约，他们将要给我们好处，而我们早晚要以恶意来报答他们对我们的恩惠。难道人和他的猴子或他的鹦鹉之间，不是存在着这样的契约吗？布伦为了他的门客和朋友巴里索写诗攻击他，而大发雷霆，巴里索应该写他的诗是没问题的，错的是布伦。

普恩西纳为了巴里索将他所写的攻击布伦的诗归入自己的账上而大发雷霆，巴里索应该将他所写的攻击布伦的诗归入普恩西纳的账上，错还在普恩西纳。矮小的雷伊修道院长把朋友巴里索介绍给他的情妇，巴里索夺去了他的情妇，而雷伊院长暴跳如雷，或者雷伊院长根本就不应该把巴里索这样的人介绍给他的情妇，或者他就只好让她被抢走算了。巴里索尽了他的责任，错误当然是在雷伊院长身上。

书商大卫为他的同僚巴里索曾经或想要跟他的太太睡觉而大发脾气，他的太太为巴里索让所有人相信他跟她睡过觉而大发脾气。巴里索是否跟书商大卫的太太睡过觉是很难确定的，因为那个女人一定会否认所发生的事情，而巴里索也可以使人相信并没有发生的事情。无论怎么样，巴里索做了他应该做的事，错在大卫和他的太太那一面。

赫尔维休为巴里索把他在舞台上表现为一个不诚实的人而暴跳如雷，巴里索还欠了自己借给他养病、买食物和做衣服的钱。对于一个满身沾染着各种丑事秽行的人，他难道能预期另外一种结果吗？这个人为了自己的花天酒地而使他的朋友背叛宗教，他侵吞了他同伙的财物，他没有什么信义、法律、感情，他为追逐财富用尽各种手段，他用自己的罪恶行为来计算着日子，他让自己在舞台上表现为最危险的坏蛋之一，这样的厚颜无耻我相信是前无古人后无来者的。但这错误不在巴里索而在赫尔维休。如果一个年轻的外省人被引领去参观凡尔赛的动物园，如果他由于糊涂而把自己的手伸进虎笼或豹笼的栅栏里面去，如果这年轻人的臂膀让凶猛的野兽一口咬着，错误的是谁呢？所有这些都是写在大家默认的契约里的。如果有谁忘了这契约，谁就活该倒霉。根据这个普遍的神圣的约定，我可以替许多被人们指责为邪恶的人辩护，而人们倒应该指责自己的愚蠢啊，是的，胖伯爵夫人，当你把你们这种人所称呼的贱人集合在你的周围，而这些贱人对你做出卑劣的行为来，也让你自己也做出卑劣的行为来，因而使你受到正人君子的痛恨，那是怪不得别人的。正人君子做他们所应该做的，这些贱人也是如此，错误的是你把他们收留下来。如果贝尔廷胡丝[①]安静悠闲地跟他的情妇一起生活着，如果由于他们性情的正直，他们结交了正直的人们，如果他们把有才能的人和在社会上德行昭彰的人吸引到自己的周围，如果他们把隐藏的同居和相爱及互倾爱慕之情的快乐所能剩下来的空闲时光留给一小群渊博的上流人物，你相信会有人讲他们的好的或坏的故事吗？

现在他们所得到的是什么呢？恰恰是他们所应得的，他们因不谨慎而受到惩罚，而我们被上帝注定了永远要恰如其分地对待这时代的贝尔廷们，而我们后代中的同道也被注定了要恰如其分地对待将来的蒙萨奇们和贝尔廷们。但是当我们执行了上帝对于这些蠢材的正当的命令时，你们也把我们本来的面目描绘了下来，你们也执行了上帝对于我们的正当的命令。以我们这样可耻的品行，如果我们要求得到公众的敬重，你们会怎么样看我们呢？你们会以为我们发了疯。那么他们从品质恶劣性格卑鄙下流的人们那里期望正当的行为，难道他们是聪明的吗？这世界上的一切都有它真正的代价。

① 贝尔廷的绰号，他的情妇是胡丝小姐。

有两个最高检察官，一个在你身边，对于反社会的犯罪行为给予惩戒，另外一个是自然。自然注意到了在法律的大网中漏掉的一切罪恶。你淫欲过度，就得水肿病；你饮酒无度，就得肝病；你开门接纳恶棍进来，和他们在一起生活，你就会被出卖，被嘲笑，被轻蔑。最好的办法是接受这公允的裁定，自己对自己说罪有应得；或深思并改正自己的行为；或者“我行我素”，但不要抱怨自然的法则。

我：你说得对。

他：还有一点，这些不好的故事，没有一个是我捏造的，我仅仅是当了一名转述者。据说几天以前，大约早晨五点钟光景，人们被大作的铃声给吵醒了，一个近于窒息的男人的声音断续地传来：“我……我……我透不过气来……我快要死了……”这些喊叫声是从保护人的房里传出来的。人们跑来救他，我们这个胖女人，就像疯了一样，你能想象这时的情形，她什么也看不见了，神志也昏迷了，她的动作更快了，用尽全力把自己高高撑起来，然后又用狂欢的热情与速度把两三百磅的重量落在这位财政官身上。人们费了很大力气才能够把他从她那里拉出来，一个小铁锤把自己放在一个重重的砧板下面，这是一个何等神奇的癖好啊！

我：你是一个无耻的家伙，让我们谈些别的吧。从我们谈话的时候起，我就有一个问题在唇边了。

他：你为什么让它等这样久呢？

我：我怕太冒失了。

他：在我刚才对你坦白了那些事情之后，我还有什么不可能告诉你呢？

我：你不在意我对你性格的评判吗？

他：完全不，我在你的眼中是一个十分下贱可鄙的东西，有时在我的眼中也是这样的，不过不常这样罢了，我因这些恶行而感到沾沾自喜比怨悔的时候要更多些，而轻蔑是你一贯保持的态度。

我：是这样的，但是你为什么把所有的卑鄙龌龊都暴露给我呢？

他：首先，因为你已经知道得太多了，我觉得把其余的也对你坦白出来，可能所得比所失还会多些的。

我：从何说起呢？请告诉我吧！

他：任何特质能达到卓越都是很重要的，作恶更是如此。人们对一个小偷总是鄙视轻贱的，但对于一个大恶人是不由自主地表示出钦佩的，他的勇气使你惊讶，他的残忍使你战栗，长久保持一种性格总是难能可贵的。

我：可你还不具备这样一种宝贵的性格，我觉得你对你所持的原则有些摇摆不定，你作恶究竟是出于天性还是后天所学？而后天所学得的这种性质是否已达到你所能达到的最高水平……一切都让人怀疑。

他：我同意你的话，这已是我竭尽全力能达到的程度了，我不是很谦虚地承认有比我更完美的人吗？我不是带着最深刻的敬仰对你谈到波勒吗？在我心中波勒是世界上一等一的人物。

我：你是仅次于波勒的人物吗？

他：不。

我：是巴里索吗？

他：是巴里索，可是不只是巴里索一人。

我：谁有幸跟他分占着第二位呢？

他：阿维尼翁的背叛者。

我：我从来没有听说过这位阿维尼翁的背叛者，可是他一定是个了不起的人物。

他：他是的。

我：伟大人物的历史总是让我感兴趣。

他：这是毫无疑问的。这个人从前住在亚伯拉罕的一个善良正直的后裔家里——被上帝选中的——数量如繁星一样多的后裔当中的一个。

我：在一个犹太人家里吗？

他：在一个犹太人家里。他首先得到了犹太人的怜悯，然后又获取了人家的善意，最后他完全赢得了信赖。任何事情都是这样的，我们这样地信任我们的善行，竟认为完全可以信任那个我们施以恩惠的人，把所有的秘密都与其分享了。试想世间怎么可能没有忘恩负义的人呢？如果这样做可以不受惩罚的话。我们的犹太人没有认识到这个问题，他把秘密告诉了背叛者。他的良心是不允许他吃猪肉的，你将会发现，一个诡计多端的心灵可以从这个秘密中得到所有的好处。几个月过去了，这期间我们的背叛者表现了加倍的亲热。最后他确信这个犹太人完全为他的殷勤感动了，完全地被俘虏了，并且深信在以色列的任何支派中都找不到一个比他更好的朋友……对这个人的谨慎我们是要尊重的！他一点也不着急，他等梨子熟透了才摇动树枝，因为表现太过关心是会让这个计划失败的。这让我们明白，一个伟大的性格总是由好些相反的性质之间的自然平衡作用形成的。

我：呵，你就不要关心思想了，继续讲你的故事吧。

他：这可不行。在有一些日子里我得思考，这就像是一种痛症，得让它自然地发出来。我讲到什么地方了？

我：讲到这个犹太人和背叛者之间很好地建立了亲密的友谊。

他：于是到了梨子熟透的时候了……你好像没在认真听，你在想着什么事情呢？

我：我在想着你的音调的不均匀，有时高亢，有时低沉。

他：一个坏人的音调怎么能够是平稳的呢？……于是有一个晚上他带着惊慌失措的神情走到他朋友那里，声音断断续续地，脸色如死人一样的苍白，四肢发着抖。

“你怎么了？”

“我们要完了。”

“完了？出什么事啦？”

“我告诉你，完了，无可挽救地完了。”

“请你说个明白吧。”

“等一会儿，先让我恢复一下受惊吓的灵魂。”

“镇定些”，犹太人对他说，他本应这样说：“你是一个大骗子，虽然我不知道你要告诉我什么，可是你是一个大骗子，你这受惊的样子是装出来的。”

我：为什么他应该这样说呢？

他：因为这个人是虚伪的，他表演过了头，这一点我是很清楚的，不要再打断我。

“我们要完了……完了……无法挽救了！”难道你没有感觉到这再三重复着的“完了”的不自然吗？

“一个坏蛋已向宗教裁判所把我们告发了，他告你是一个犹太人，我是一个叛教者，一个无耻的叛教者。”

请看这个坏蛋怎样不知羞耻地使用了最丑恶的名词。要叫出自己丑恶的名字来，必须有比你所能想到的更大的勇气，你完全不了解一个人要付出多大的代价才能做到这一点。

我：确实是我不了解的。可是这个无耻的背叛者……

他：这个骗子，但要承认这是一个十分巧妙的骗术。这个犹太人恐慌起来了，他抓着自己的胡子，在地上滚来滚去。他看见暗探就在大门外，他好像已看到自己穿上了受火刑时才穿的奇怪的衣服。他看见火刑柱已立起来了。

“我的朋友，我的亲爱的朋友，我的唯一的朋友，我们怎么办呢？”

“怎么办？像平常一样去照看你的生意，在人们面前要表现得一如既往的平静。这个裁判所是秘密的，诉讼进行是非常缓慢的，我们应该利用他们的缓慢来出售一切东西。我去租或者找别人去租一只船，是的，找别人是最妥当的办法。我们要把你的钱财藏在里面，因为他们所要的不过是你的财富。我们，你和我，将要到另外一个地方去寻求自由，以便敬奉我们的上帝，平安地遵守亚伯拉罕和我们的良心的法律。在我们所遭遇的这危急时刻，最重要的一点就是绝不要有一点儿鲁莽的举动……”

说完这个坏蛋就是去做了。租好了一只船，预备了粮食和水手，犹太人的财富被装到船上了，第二天破晓他们就要扬帆了。他们现在可以快活地吃着晚餐，平安地睡眠了，明天他们的迫害者已找不到他们了。背叛者在夜里起来，把犹太人的票据、钱袋和珠宝偷了个精光，上船走了……你以为这就完了吗？你想错了。当人们把这故事告诉我的时候，我就猜出了我为了测验你的聪明而不说出来的部分。你做个老实人是很合适的，无论怎样你也只会是个小骗子。到现在为止，背叛者不过是一个所有人都不愿和他相似的无耻的恶棍。他高深的作恶造诣在于他自己就是他的好朋友犹太人的告发者，当这个犹太人醒来时就被宗教裁判所抓去了，几天之后人们让他成了一堆绚烂的篝火。于是背叛者就悠然自得地享受把我们的主钉在十字架上的人们可怜的后裔的财富了。

我：说实话，我有点不太确定让我感到恐惧的是背叛者的无耻的残忍还是你讲述这事时的音调。

他：这恰恰是我要对你说的。这个行为的极端残忍让你不仅仅是蔑视了，这就是为什么我会对你坦诚。我愿意你了解在我的艺术里面我的造诣已经达到了何种程度，让你承认在我卑鄙的事业中我至少是有创造性的，使我在你心目中得以置身于大恶棍的行列，然后还要大声呼喊：*Vivat Mascarillus*，*fourbum Imperator*（万岁，盗贼之王），来吧，哲学家先生，来参加合唱吧：*Vivat Mascarillus*，*fourbum Imperator*。（于是他开始唱一个十分奇特的复格调小曲。曲调一会儿是庄重而堂皇的，一会儿是滑稽诙谐的，一会儿他唱着低音部，一会儿又升到了高音部，他伸长的胳膊和颈项给我表示出那些持续的段落，他这样为自己演奏了一个即兴而作的凯旋曲，从这里可以看出来，他对于好音乐比好品行有更深的理解。我不晓得应该留下来还是应该逃走，应该笑还是应该发怒。我留下来了，因为我要谈一个问题，以便把充溢在我内心的恐惧驱逐出去。这样一个人，他谈论着一件可怕的行为，一件无耻的罪行，却像一个鉴赏家品评一幅画作或一首诗歌的绝妙之处，或者有如一个道德家或历史学家把一件英雄事迹的详细情节搜寻出来或生动地表达出来一般，我有点无法容忍我面前这

个人了。我不由自主地沉下脸来，他觉察出来了，对我说）

他：你怎么了？你觉得不舒服吗？

我：有一点，一会儿就会好的。

他：你的神情好像是一个为某一不愉快的思想所烦恼着的人。

我：正是这样……

（他和我都沉默了一会儿，这时他一边吹着口哨唱着小调，来回走着，然后我为了把他引回到他值得表扬的才能，对他说）

我：近来你在做什么曲子吗？

他：什么也没有。

我：确实是一件苦差事。

他：我本来就是够愚蠢的了，但在我听了杜尼和其他的年轻作曲家的音乐之后，我就知道我是彻底完了。

我：你赞成这个风格吗？

他：当然的。

我：你觉得这些新歌曲很美吗？

他：我觉得美吗，是的，我觉得非常美。就那样吟咏出来啊！多么真实，多么具有感染力！

我：所有艺术都能在自然里找到它的模型。当一个音乐家作一支曲子时他的模型是什么呢？

他：为什么不从更高层次来看待这件事？什么是一个曲调呢？

我：我得对你承认，这是我能力所不及的。我们大家都是这样子的，在我们的记忆中，不过有些词汇，由于常常使用，并且甚至正确地应用它们，我们便以为懂得它们了，其实在我们的心中却只有模糊的概念。当我说出“曲调”这个词儿时，我并没有较清楚的概念，就像你和你那些同道说的“名誉、责备、光荣、恶、善、谦虚、端正、羞耻、滑稽”这些词儿的时候一样。

他：曲调是对物体的声音或情感的音节的模仿，借助于艺术所创造的，也可以像你喜欢说的，自然所触发的音节的音，或者用歌喉或者用乐器表现出来的。你可以看到，如果做一些适当的更改，这个定义也可适用于绘画、修辞学、雕刻和诗。现在讲到你的问题——音乐家或曲调的模型是什么呢？说模型是有生命有思想的，那便是朗诵，说它是没有生机的，那便是声音。应该把朗诵看作一根线，把曲调看作缠绕着第一根的另一根线。曲调的原型——朗诵，越有力量越真实，模仿着的曲调和它相交的点越多，这曲调就越真实越美丽，这是我们的青年音乐家们都能了解的。当我们听到《我是一个可怜虫》，我们便好像听到了一个守财奴的戚戚的哀诉，如果他不唱歌曲，当他把他的黄金托付给大地，说“啊，大地，请接受我的宝藏吧”的时候，他的情感也还是一样的。而这个小女孩，她觉得心脏疾跳着，她脸红，羞涩不安，哀求大人让她离开，她就会表现出不同的调子来的。这些作品里有各种各样的性格，有变化无穷的音调，这是极妙的，我可以对你保证。请去听听这个曲子，听听那个年轻人觉得自己快要死了，就像他喊叫起来：“我的灵魂要离开了。”请听这曲调，请听这交响乐，你就会告诉我在一个临死的人的真实的声音和这曲子的音调之间有怎样的差别。你就会发现这根曲调的线是否跟朗诵的线不完全相合。我暂且不谈到节奏，那是歌曲的另一个条件，我只就渲染说一下而已。没有比我曾读到的一段话更妙的了：*Musices seminarium accentus*，音节是曲调的暖房。

从这里可以知道，一支好的宣叙调，是多么困难又是多么重要的。绝没有一支美丽的曲子，不可以成为一支宣叙调的，也绝没有一支美丽的宣叙调，是有才华的人不能因之做出曲子来的。我这里不是说谁记忆好就会唱得好，但是如果一个人唱得好，却记不住曲调，我就觉得很奇怪了。请相信所有我告诉你的这些话，因为那是真实的。

我：如果不是有一个小小的障碍阻止着我的话，我倒是愿意相信你的。

他：这是什么障碍？

我：这就是，如果你说的这种音乐是绝妙的，那神圣的吕利、康柏拉、狄杜塞、摩勒的音乐，并且不瞒你说，你亲爱的叔父的音乐，就会显得有点沉闷了。

他：（挨近我的耳朵边，回答我道）我不想被人听见，因为这里有许多人是认识我的，他们的音乐真的就是你说的这样。我倒不会顾虑到亲爱的叔叔，你既然称呼他为“亲爱的”。但他这个人是石头造成的，哪怕他看见我的舌头垂下来有一英尺长，也不会给我一杯水喝。让他继续在八度音和七度音上受折磨吧——la-la-la，dee-dee-dee，tum-te-tum，这噪声就像魔鬼发出来的。所有开始懂得这些、不再把喧哗声看成音乐的人，决不会止步于此的。人们应该用戒律来禁止所有人——不论是什么等级和职位的人来演唱佩戈莱西的《斯达巴》，这个《斯达巴》应该由刽子手来亲手烧毁。说实话，这些该死的“丑角”[①]用他们的《女仆情妇》和他们的《特拉哥罗》已经狠狠地打了我们的屁股。从前，《唐克来德》《伊斯》《多情的欧罗巴》《印度人》《香水》《多情的诗人》，这一类东西会演唱四个月，五个月，六个月，《阿尔米德》从来就没有停止过。现在所有这些都像纸牌搭的城堡似的一个跟着一个地倒下来了。所以雷伯尔和弗兰葛就暴怒起来了。他们说一切都完了，他们要破产了，如果人们再容忍市场上这种下流的歌手，民族音乐就要完蛋了，死胡同里的王家学院[②]就要关门大吉了。这话倒是不假，那些三四十年来每逢星期五都到那里来的老顽固们，再也没有过去那样快乐了，反倒觉得厌倦、打呵欠，但却不知是为了什么。他们问了自己一个

① 指一群意大利歌唱家和舞蹈家，专上演佩戈莱西、齐安比、茹密里等人的新的滑稽歌剧。他们在1752年出现于巴黎，引起舆论觉得对当时法国沉闷的音乐有改革得更自由些的必要。狄德罗和他的集团是支持这种新的意大利音乐的，而反动集团则对它猛烈攻击。

② 观众在入场之前常常站在歌剧院的“死胡同”里，这里指常常有两个敌对集团争论的场面。

为什么，却不能回答。为什么他们不问我呢？杜尼的预言就要实现了，按照事情发展的趋势来看，我愿意拿我的性命做赌注，从《爱他模特的画家》开始到未来四年到五年之内，不会再有一个活人还留在那著名的死胡同里了。

那些尊贵的先生们，他们放弃了自己的交响乐来演奏意大利的交响乐。他们以为他们的耳朵会听惯这种音乐，没有什么可以影响他们的歌唱，好像交响乐对于歌曲的影响，除了由于乐器的音域和指头的灵敏动作得到的某些自由以外，曲调对朗诵没有影响似的。好像小提琴不是歌唱家的模拟者似的，一旦哪天高超的技巧代替了美丽出现的时候，歌唱家也就会成为小提琴的模拟者了。演奏洛卡德里的第一个人就是新音乐的传播者。让他们把他们的故事传播开来吧，他们让我们习惯于歌唱的曲调，习惯于乐器模拟热情的音节或自然的音节，这些才是音乐对象的全部范围。难道我们还保留对于战争、长矛、光荣、凯旋、胜利的趣味吗？“去看看他们是否来了，若望！”人们将会想象着配有音乐的悲剧或喜剧场面将会使他们哭或笑；人们将会听到愤怒、怨恨、嫉妒的音节，真正爱情的咏叹，讽刺，意大利或法兰西戏曲的谐谑，但他们却仍然是拉贡德和柏拉戴的拥趸，我要说这是胡扯。

他们不断地体验到意大利语的和音、韵律、省略法和字位倒置，对于歌唱的艺术、它的音律、表现、乐句、声音节奏的，提供了如此的便利、如此的灵活、如此的柔和这些妙处后，却仍然不知道他们自己的语言是如何生硬、微弱、笨重、呆滞、陈腐和单调？不要再自欺了，你会觉得在把他们的眼泪和一个由于孩子死去而悲恸的母亲的眼泪混合了之后，在听到一个暴君下令杀人而战栗之后，他们不会嫌厌他们的魔术、他们的平淡的神话、他们的带甜味的小情歌吗？这些既暴露了诗人恶俗的趣味，也说明了他们因为艺术的贫乏竟可忍受这样恶俗的东西。

尊贵的先生们！不是这样的，也不可能是这样的。真、善、美自有它们的权利，人们会反对它们，但是结局只有赞叹。没有这个特质的任何东西，也许有一个时期会为人们所叹赏，但是结局只会令人打呵欠。打呵欠吧，先生们，请尽情地打呵欠吧。千万不要抑制自己，自然界和我所说的三位一体的统治，对于它们，地狱的门是不会占上风的。真是父，它产生了善，是子，然后出现了美，就是圣灵，这个统治渐渐地建立起来了。新来的神谦卑地来到祭坛上，小心地坐在当地的偶像旁边，他的地位逐渐地稳固起来，有一天，他用胳膊肘推了他的同僚一下，于是砰的一声，那原先的偶像就倒下来了。人们说耶稣会教士们把基督教移植到中国和印度的情形就是这样。不管这些冉森教派的人怎么说，这个政治的方法，不声不响，不流血，没有殉道者，也没有拔掉一绺头发，便达到它的目的，我觉得是最好的方法。

我：你刚才所说的一切倒是相当有理。

他：有理吗？那就更好，如果我是勉力求得的，但愿魔鬼把我抓去！它的到来是很偶然的。我跟死胡同里的那些音乐家们一样，当我叔叔出现的时候，如果我幸而讲得不错，那就是因为一个烧炭的学徒谈到他的本行时，总是比较整个学院和世界上所有的多哈美都要更好些。

（于是他开始闲走着，喉咙里哼出《疯人岛》《爱他模特的画家》《马掌铁匠》《女讼师》[1]的一些曲调，他还不时地举起手来，眼睛朝天，叫喊道："这个美不美！上帝呵！这个美不美！难道一个人有了一双耳朵还要提出这样的问题吗？"他开始激动了，低声地唱起来。他越激动，声调也就越高；然后是打手势、扮鬼脸、做出各种体态。我说："好了。"他已经失去了理性，"现在该新的一幕上场了。"果然不错，他突然大声唱起来："我是一个可怜的穷人……大人，大人，请放我走吧……大地呵，接受我的黄金吧，请好好保护我的财宝……我的心灵，我的心灵，我的生命！呵，大地！……小朋友在这里了，小朋友在这里了！"他把三十个曲子，意大利的、法兰西的，悲剧的、喜剧的，各种各样的全部混杂在一起，忽而唱着深沉的低音，他好像一直降落到地狱底下；忽而又高唱起来，用了假嗓，像把天空撕裂了一样。不时用步伐、姿态和手势来模仿着歌中的各种人物，依次地露出愤怒、温和、高傲、冷笑的表情，忽而是一个哭

① 这些都是杜尼和斐列多尔的歌剧的名称。

哭啼啼的年轻姑娘，他扮演出她的一切媚态；忽而是一个教士，一个国王，一个暴君，他发出威胁的命令，发出雷霆般的声音；忽而他又是一个奴仆，百依百顺。他沉静，他悲恸，他叹息，他笑，所有的节拍都符合音调，没有一句违背歌词的意义和歌曲的性质。

所有棋手都离开了他们的棋盘，聚集在他的周围，咖啡店的窗外也挤满了听到他表演声音而停下来的行人。人们的笑声简直把屋顶都震破了，他什么也看不见，他继续表演下去，沉浸在精神错乱和一种近乎疯狂的激情中，简直让人怀疑他是否还能清醒过来，是否该把他架到马车上，一直送到疯人院里去。他唱着茹密里的《耶利未哀歌》的片段，用非常准确的、真实的热情来反复歌唱每一个曲子最美丽的段落，唱到这个优美的有伴奏的宣叙调，先知描写的耶路撒冷破灭的那一段，他流下了滚烫的泪水，看的人也都流下了眼泪。他的表演包含了一切，歌唱的优美，表演的力量和悲哀。他着重表演了可以使作曲家更伟大的段落，他一会儿离开歌唱的部分，去演唱乐器的部分，然后马上又放弃乐器表演，转回到歌声来，把歌声和乐器完美地配合起来以保持联系和整个的统一性，他夺去了我们的灵魂，把它们悬置在我从未感受过的最奇特的情境中……

我叹赏吗？是的，我叹赏！我感到怜悯吗？是的，我感到怜悯！可是在这些感情当中掺杂着一点嘲笑的意味，改变了它们的性质。如果你看到他模拟各种乐器的样子，一定会失声笑出来。用膨胀地鼓起来的两颊，发出喑哑而阴沉的声音，这是在演奏着喇叭和笛子；他发出尖锐的鼻音代替双簧管，他用难以相信的速度发出急促的声音来表现弦乐器，他力求最准确地模拟这些乐器的声音，他吹着口哨便是小笛，他用横笛表现鹧鸪的叫声，他叫着唱着，像一个疯子一样地摇晃着，自己一个人演着男舞蹈者和女舞蹈者、男歌唱者和女歌唱者的角色，如整个乐队和整个歌剧团在表演，分演着二十个不同的角色，跑着，停下来，神情如同着了魔，眼睛闪闪发亮，口边流着泡沫。天气热得要命，混合着他发粉的汗顺着额头的皱纹从脸颊流了下来，弄湿了他的衣服的上部，他还有什么没做吗？他哭，他笑，他叹息；他注视着，或温柔或安静或愤怒地注视着；这是一个因悲痛而晕厥的妇人；这是为绝望所压倒的一个可怜人；一个高耸的神殿；日落时静立不鸣的飞鸟；在寂寥清凉的地点潺潺流着的水，或是从高山上急流下注的水；一场风暴；一场雷雨；将死人的哀号和呼啸的风声、霹雳的雷声混合起来了；这是黑暗的夜；这是阴影和静寂，他甚至把静寂也用声音表现了出来。

他已经完全失去理性了，精疲力竭地好像一个由沉睡中或长期出神中苏醒过来的人一样，他呆立不动，感到迷茫，惊讶。他把目光向四周环顾一下，好像一个失忆的人在努力去认识自己所在的地方一样。他等候着自己的体力和智力的恢复，他机械地抹一把自己的脸孔。好像一个人醒过来后，看见自己的床四周聚着许多人，完全忘记了或者丝毫不知道自己曾经做了什么事，他首先大声叫道：喂，先生们，这是怎么一回事？为什么你们笑、你们惊讶？到底怎么一回事？于是他接着说：这才是真正的音乐和一位真正的音乐家。但是，先生们，吕利的某些作品是不应该轻视的。如果有人不用改动词句就可以完美表现“啊！我将等候”这一场，我就要跟他打赌。坎普拉的某些段落是不应该轻视的，我叔父的小提琴曲，他的法兰西舞曲也是一样，他的战士进行曲，他的神父和主祭曲……“惨淡的烛光，比黑暗更可怕的夜……地狱之神，遗忘的神……”在这里，他抬高了他的声音，他拉长他的音调，邻人们都走到了窗户边，我们把手指塞进了耳朵。他接着说：这就是需要用肺的地方，这是一个强有力的器官，一个空气容器。但不久我们就要开始圣母升天祭了，四旬斋和主显节已经过去。他们还不知道什么应该配上音乐，因此，也不知道对于一个音乐家什么是相宜的。抒情诗还没有产生出来，他们会拥有它的。由于常听佩戈莱西、撒克逊人、特拉道格里亚、突勒达和其他的人，由于诵读梅达斯塔西，他们一定会拥有它的。）

我：怎么？难道昆诺、拉·莫德、丰特奈尔对于此道一点也不懂得吗？

他：对于新风格是不懂得的。他们所有可爱的诗篇中，找不到连续的六行是可以配上音乐的。这都是些巧妙的格言，轻松的、温柔的、精致的情诗，但是要知道对于我们的艺术——一切艺术中最激烈的，德摩斯梯尼[①]的艺术也没有除外——这个是何等无用的，你让人们把这些诗篇背诵出来，你发觉它们是如何冷淡的、无生气的、单调的了，那里面没有一点值得模仿的东西。我宁愿拿拉罗什福科的《格言》或巴斯葛的《随想录》来作曲。只有动物般的热情的呼声才能够指出来哪些诗句是适合于我们的，我们需要一句紧跟着一句的歌词，词句应该简短，它的意义应该直截了当，耐人寻味，音乐家可以自由处置语句的全部或每一部分，省略一个字或把它重复一遍，添加一个原来没有的字，把它像水母一样地随便翻弄，却不会把它毁了。所有这些都让使用法兰西文字写的抒情诗，比那些富于字形变化的本身就具有这一切优点的那些语言，要困难得多了。“……残忍的野蛮人，把你的剑插进我的胸膛吧，看我正在准备接受这致命的一击。打击吧，你……唉，我要倒下来了，我要死了……一股未名的火在我的心里燃烧着……残酷的爱情，你要我怎么样？让我享受那静谧的和平吧……令我清醒过来……”感情应该是强烈的。音乐家和抒情诗人的温柔应该是极尽夸张的，歌曲几乎经常是在一场的结尾。

我们需要赞美、感叹、停顿、中断、肯定、否定；我们呼唤，我们祈求，我们喊叫，我们叹息，我们痛哭，我们由衷地

---

① 德摩斯梯尼，公元前4世纪雅典著名演说家。

笑。不要隽语，不要警句，不要你们那些美丽的思想，那离单纯的自然太远了。请不要相信，舞台上演员的做作和矫饰的台词能够作为我们模仿的对象。呸，不是的。我们所需要的是更有生气的、更少做作的、更真实的东西。我们的语言更简单，不要重音，要更平常的讲话，热情的普通的呼声才是我们所需要的，动物的呼喊，激情的人的呼喊会生出重音来。

（当他这样对我说话的时候，围着我们的众人，或者一点也听不懂，或者对于他所说的话不感兴趣，无论大人还是小孩，在受教育与娱乐之间选择后者，所以他们都走开了。人们又回到自己的游戏上，我们便单独地留在我们的角落里。他坐在一张板凳上，头靠着墙，胳膊垂下来，眼睛半闭着，对我说道：我不知道是怎么回事，我刚来的时候，是精力充沛的、愉快的，现在却如此疲乏、如此衰弱了，好像走了十英里路一样，这是突然感受到的。）

我：你想要喝些什么吗？

他：很好，我觉得喉咙像着火一样，气力衰弱，胸部也有点疼，差不多天天都感到这样，不晓得是什么原因。

我：你要什么？

他：请随便吧。我已不讲究这些了，穷困已经教会我去适应一切。（人们给我们端来啤酒和柠檬水，他倒满了一大杯，两三口便喝干了。于是像一个恢复了元气的人一样，他大声地咳嗽，身体摇晃着，继续说下去）

他：但是按照你的意思，哲学家阁下，那不是一件很奇怪的事情吗？要一个外国人，一个意大利人，像杜尼，竟来教我们怎样给我们的音乐标记符号，怎样使我们的歌曲能够符合各种音律、各种节拍、各种音程、各种间歇，而不致违背韵律学。毕竟这不是像喝干海水一样的难事。任何人都曾听见一个乞丐在街上向他求乞，一个人在狂怒当中，一个嫉妒的妇人生着气，一个爱人到了绝望的境地，一个阿谀者——是的，一个阿谀者用甜蜜的声音把自己的音调弄得很柔和，把自己的音节拉长了，一句话，一种不管什么样的激情，只要它的强烈值得音乐家去模仿，我们便应该注意它的两件事情：第一，无论是长的或短的音节，都没有固定的时间，甚至它们各自所用的时间之间也没有固定的比例；其次，激情几乎是完全随意地支配韵律，它能够达到最大的音程，那个在极度痛苦中大叫“唉，我真是不幸啊”的人把这个感叹的音节提到最高和最尖锐的音调，而把其他的音节降低到最浊和最低的音调，从而得到一个第八音或者甚至更大的音程，让每个声音有一种适合于旋律的变化的音量而不致觉得不悦耳，并且长的音节和短的音节，都不再是平静说话时的那样长短。自从那个时候，当我们把阿尔米德的插曲：《雷诺的征服者（如果有人能够是）》和《多情的印度人》中的《让我们毫不犹疑地服从》提出来，从而成为宣叙调的奇迹，我们已经走过了多大的一段路程啊！现在，这些奇迹不过让我觉得可怜地耸耸肩膀罢了。

按照艺术发展的速度，我不晓得它将会到什么境地。还是让我们喝一杯吧。（他喝了两三杯还不知道自己在做什么。因为他已经精疲力竭，他一定会不自觉地让自己大醉，如果我不把酒瓶移开的话，他还心不在焉地摸索着呢。于是我对他说）

我：为什么你有了这样敏锐的判断力？为什么对音乐艺术的美有这样的洞察力，却对道德中的美这样无视，对于德行的魅力这样无动于衷呢？

他：显然是因为后者需要一种我所没有的感觉，一种我所未曾拥有的神经纤维，一根松懈的弦，人们徒然地弹它，它也不会震动，或者也许因为我一向都是跟好音乐家和坏人在一起生活，结果我的耳朵变成很敏锐，而我的心却变成麻木不仁了。此外还有一些遗传的成分，我父亲和我叔叔的血液是同样的血液，我的血液又跟我父亲是一样的，父方的遗传分子是强硬的、冥顽的，而这个可恶的原始分子却把其余的都同化了。

我：你爱你的孩子吗？

他：爱死他了，那个小无赖，我对他简直发了狂呢。

我：难道你不想努力阻止父方的那个可恶的分子在他里面发生影响吗？

他：我相信，这样的努力将是非常徒劳的。如果他注定要成为一个好人，我将不会加以妨害，可是如果那个分子要使他成为一个像他父亲一样的无赖，那么我要把他造成一个善良人所费的力气，对于他将是十分有害的，他的教育将不断地和那个分子的趋向对抗，他就像被两个相反的力量牵引着，在人生的路上将会歪歪斜斜地向前行进。正如我所看见过的无数人一样，对于行善和作恶都是同样拙劣的，就是那些我们称为“蠢货”的，这是一切绰号中最可怕的，因为它表示平庸和最高程度的轻蔑。一个大无赖是一个大无赖，但绝不是一个蠢货。要是那样做，就是在父方的分子重占优势把他引导到像我所已经达到的这种卑贱透顶的状态之前，将需要经过无限长的时间，这等于是浪费了他最美好的宝贵年华。所以现在我一点也不管，我让他自然地成长起来，我在观察他。他已经是贪食者、谄媚者、诈骗者、懒汉、说谎者，恐怕他要同他的祖先一模一样了。

我：为了使他完全一样，你将要把他造成一个音乐家吗？

他：一个音乐家！一个音乐家！有时我望着他，一面咬紧牙齿，我说如果有一天你懂得一个音符，我相信我会扭断你的脖子。

我：为什么这样呢？请你告诉我。

他：这是没有什么前途的。

我：这是最有前途的。

他：如果你能达到卓越，那是这样的，可是谁能够拿得稳自己的孩子将会是那个优秀的人呢？万分之一的可能就是他将是一个可怜的乱弹者，像我一样。你知道吗？要找一个孩子学会治理一个国家，做一个伟大的国王，比做一个伟大的提琴家也许还要容易些。

我：我觉得在一个不是标榜荒淫奢侈生活的国民中，令人满意的才能就是可以使一个人很快地飞黄腾达的才能，哪怕这是一种平庸的才能。我自己曾经亲耳听过以下的谈话，对话的是一个属于保护者之流的人和一个被保护者之流的人。后者曾经向前者求教，他视其为一个亲切的保护人。“先生，你会什么呢？”——“我对数学很有研究。”——“那么教数学吧，等到你在巴黎街道上仆仆风尘地过了十年或十二年之后，你一年将会挣到三百到四百利弗尔。”——“我曾经学习法律，熟谙法学。”——“如果普芬道夫和格劳秀斯[①]再回到世间上来，他们将会在街头上饿死的。”——“我对于历史和地理也很熟知。”——“如果有些父母亲很关心他们的孩子的好教育，你将会发财，可是却没有这样的父母。”——“我是相当好的音乐家。”——“那么，为什么你不最先说这个呢？为了让你明白从这最后一种才能可以得到什么利益，我有一个女孩，每天晚上从七点半到九点钟你来吧，你将教她功课，我每年给你二十五个金币。你早餐、正餐、午后甜点、晚餐，都跟我们一起。每天其余的时间是属于你自己的，你可以好好地利用。”

他：这个人后来怎样了呢？

① 普芬道夫（1632–1694），德国著名法学家和历史家。格劳秀斯（1583–1646），荷兰著名法学家。

我：如果他足够聪明就会发财了，显然这就是你所注意的唯一事情啦。

他：是的，黄金，黄金。黄金就是一切，其余的，没有黄金，就不值什么了。因此，我不让他记住任何格言，这些是他必须忘记的，否则就有成为乞丐的危险，当我得到一个金币（这事不常有），我就站在他面前，我把金币从口袋里拿出来，我对这金币表现出由衷的赞叹，我眼朝天，我在他面前吻这个金币。为了使他更加了解这个神圣金属的重要性，我低声地对他说话，用手指点出人们拿着它可以购买到的一切东西，一件美丽的紧身衣，一顶漂亮的帽子，一块好吃的糕饼，然后我把金币放进衣袋里。我骄傲地走来走去，我把我的背心的衣角掀起来，我用手拍拍我的口袋，我就这样让他认识到，我的自信心就来自口袋里的这块金币。

我：非常好。可是有没有可能，由于深刻地感觉到这块金币的价值，有一天……

他：我懂得你的意思，但关于这点就要装作看不见，没有任何道德的原则不是带有它的缺点的。最坏时，这也不过一时觉得不快，很快都会过去的。

我：虽然听了你这样勇敢和这样明智的见解，我还是认为，让他成为一个音乐家是有好处的。因为目前我实在不知道有什么方法可以更快地和大人物接近，在替他们的恶习效劳的同时也可使自己得到好处。

他：这是真的，可是我却有更快地和更稳妥地获得成功的计划。唉！如果是一个女孩子就好了，既然不能事事如愿，就只好接受命运了，尽量地从其中取得最大的好处，为着达到这个目的，千万不要愚蠢地让一个注定在巴黎生活的孩子受什么斯巴达式的教育，很多父亲做了这个糟糕的选择。哪怕他们就是为了使他们的孩子遭受苦难，也没有比这个更坏的事了。如果我孩子没有教育好，这是我们国民道德的过错，而不是我的过错，谁爱负责就负责吧。我愿我的孩子得到幸福，或者，一个意思，愿他被人崇拜，有钱并且有势力。我知道一些达到这个目的的最便捷的途径，我将要及时地把这些教给他。你们这些贤人尽管责备我吧，我的成功将会给我赦免的。他将会获得黄金，你相信我的话吧。如果他有了很多黄金，他将什么都不欠缺，包括你的重视和尊敬。

我：这个你可能弄错了。

他：或者他可以不要这些，正如许多其他的人一样。

（其实有些事情人们是这样想，也是这样做，但却不说出来。说实话，也就是这点才让这位先生如此的与众不同。他坦白了他曾有的恶习，别人也都有，但他却不像其他人一样做个伪君子。他比起他们来，并没有更糟糕，他只是更加诚实，更加表里如一罢了，何况他的堕落别具深意呢。我一想到在这样一位老师教导之下，他的孩子将会变成的样子，我就觉得不寒而栗。如果严格地拿我们的习俗做榜样的思想来进行教育，他应该会走得很远，除非先期地就阻止了他的发展，但这一点却是可以断定的。）

他：（对我说）请不必害怕。一个好父亲应该特别注意的一个重要的并且也是困难的地方，倒不是让他的孩子得到使他致富的恶习和使他获得大人物宠爱的滑稽言行——人人都是这样做的，如果不是跟我一样是有系统地，至少是用实例和教训来完成的——而是指示他怎样适可而止，学会如何巧妙地避开耻辱、不名誉和法律的艺术，在完美的社会中的这些不协调是需要巧妙布置、准备和解决的。一连串的完美无缺的调和实在太平淡了，需要有一些富于刺激性的东西，正确的做法是把光束分散开来，让它成为各种各样的色彩。

我：很好。你举这个例子把我从道德引回到音乐上去，那是我不由自主地搁下来的题目，我要谢谢你，因为不瞒你说，我更喜欢你是个音乐家而不是一个道德家。

他：然而我在音乐方面的才能完全不值一提，而在道德方面却是卓越的。

我：我怀疑你所说的话，但这倒是真话，但也要申明一点我是个老实人，你的原则不是我的原则。

他：那么你就太糟糕了。唉，要是我有你那样的才能啊！

我：请不要管我的才能吧，让我们谈谈你的才能。

他： 要是我能够像你一样地介绍自己！可是我说的是荒唐的鬼话，一半属于社交界和文人学者的，一半属于市场上的。

我： 我没有口才。我只会说真话，你知道，这是一个不易获得成功的习惯。

他： 可是我不是为了要说真话，相反，而是为了要把谎话说得动听才羡慕你的才能。要是我会写作，能编一本书，会做一首献词，善于让一个蠢人沉醉于自己的功绩，该是一项多么巧妙地取得妇女们欢心的技能啊！

我： 所有这些，你都能够做得比我胜过一千倍，我甚至还不配当你的学生哩。

他： 太多了不起的品质已经浪费了，而你完全不知道它们的价值呢。

我： 我觉得它们的价值我已全部收回了。

他： 如果真是这样，这样的粗上衣、这件呢背心就不应穿在你的身上。还有这双羊毛袜子、这双厚底鞋子、这破旧的假发。

我： 对的。如果一个人千方百计要发财却没有发财，他一定是十分笨拙的，但也有像我这样不把发财看作多宝贵多重要的一些人，是不是奇怪的一些人？

他： 十分奇怪。这种性情不会是与生俱来的，是人们后天得到的，因为人的本性不会是这样的。

我： 人的本性？

他：对，人的本性，世间一切动物，人也不例外，都是牺牲同类来获得自己的幸福。我确信，如果我让那个野孩子自然长大起来，什么话也没有对他说，他还是爱穿漂亮衣服，讲究吃喝，为男子们所喜爱，为妇女们所爱恋，并且把生活上所有的幸福聚集到自己身上来。

我：如果放任这个孩子，他就会保存他固有的愚昧无知，会把三十岁男子的激烈的热情和摇篮里的孩子的无理性完全结合起来，他将来就会把他父亲的颈骨扭断去和他的母亲睡觉的。

他：这就证明好的教育是必要的，没有人能否认这一点，而所谓好的教育，不就是没有危险没有麻烦地引导去享受一切吗？

我：我差点就赞成你的意见了！但是我们还是不要说明吧。

他：为什么呢？

我：因为我害怕我们只是表面上彼此同意，如果我们一旦对于所要避免的危险和麻烦加以讨论，就让我们成了陌生人了。

他：这有什么关系呢？

我：我告诉你，让我们不要谈这个吧。对于这个问题我不能把我知道的教给你，而你却能较容易地把我所不懂的和你所知道的音乐教给我。亲爱的拉摩，让我们谈音乐吧，告诉我为什么，有了欣赏、记忆和演奏音乐大师最美丽的段落的这些才能，有了他们给你激励起来而你又传授给他人的这个热情，为什么你却没有做出一点有价值的东西来呢？……

（他不理会我的问话，用手指指着天上，说道）

他：那些星辰，那些星辰！当自然创造出里奥、达·芬奇、佩戈莱西、杜尼的时候，它是微笑着的。但在创造我亲爱的叔叔拉摩时却是威严庄重的——这个将在十年之内被人们称为伟大的拉摩，而不久又要被人遗忘的人。可是当它草率地造出他的侄儿的时候，它做了一个鬼脸，又做了一个鬼脸，又再做了一个鬼脸，（说这句话时他脸上做出了各种丑怪的样子，是轻蔑、藐视和嘲弄的样子，就像他手里拿了一块面团，并且对于自己所捏成的各种奇形怪状的东西觉得可笑。随后，他又把这个奇异的肖像远远地扔开，说道）它就这样随便地把我造了出来，把我扔在其他肖像旁边，有的是满脸皱纹的，大大的肚腹，粗短的颈项，从头上凸出来的大眼睛；有的是弓着脊背的；有的是形容憔悴的，眼睛却是狡猾的并且有着勾鼻子，他们大家在看见我时都忍不住大笑起来。我呢，把两个拳头放在腰上，也大笑起来，跟他们对视着，因为傻子和疯子是可以互相取乐的，他们互相找寻，互相吸引。如果在那时我还不知这个现成的民谚——一个傻子的钱财就是聪明人的遗产，我也会自己发明了它的。我感觉到自然已经把属于我的遗产放在这些人物的钱袋中，我要千方百计去把它取回来。

我：我知道这些方法，你已经说过了，我十分赞赏它们。但是在这许多办法中，为什么你不尝试去做一件美丽的艺术作品呢？

他：这恰恰是一个世事通达的人对院长拉·勃朗所说的话……院长说："蓬巴杜侯爵夫人[1]牵着我的手，把我一直带到修道院的门边，在那里她收回了她的手。我跌倒在地上，摔断了我的两条腿……"善于处世的人对他说："院长，你应该站起来，用头来撞开大门……"院长回答道："我已试过了，你知道我这样做得到的结果吗？额头上肿了一大块。"

（讲了这个故事之后，我的朋友垂下头来，来回地走着，脸上现出深思和沮丧的神情。他叹息着，哭泣着，悲伤着，举起双手，抬起眼睛，用拳头来捶击自己的头部直到快要把额头和手指弄伤了，他继续说）我觉得仍然是有些什么东西在里面，可是我尽管敲它，晃它，却没有什么东西冒出来。（于是他开始更厉害地摇着自己的头，打着自己的前额说）或者里面没有任何人，或者人们不愿意回答。（过了会儿，他现出了高傲的神情，抬起头来，把右手放在胸前，一边走一边说）我有感情，是的，我有感情。

（他模仿着一个愤怒的、有感而发的、命令的、恳求的人，即席做出了表示愤怒、怜悯、憎恨和爱情的讲演，他的表演惟妙惟肖，把要表现的感情表达得淋漓尽致。于是他继续说）

我相信，就是这个了。现在它出现了，这就是把一个产婆找来的好处，她知道怎样刺激和加速生产时的阵痛，使孩子生下来。独自地，我拿起笔来，我要写作，我咬我的指甲，我搔我的

① 蓬巴杜侯爵夫人，法国国王路易十五的情妇。

额头，听话的仆人道晚安，上帝没有来。我深信自己是个天才，在写了一行后，我就发现自己一个傻瓜，一个傻瓜，一个傻瓜，一个人如何能做到感受、提高、思考等细致描写呢，如果不得不和一些为了糊口而必须见面的人们厮混着？在人们所做的和所听见的这一类谈话的氛围中，以及诸如此类的闲话：

“今天，林荫大道上的景致真美！”

“你听说过那个‘小银鼠’吗？她表演得真是动人！”

“某某先生的驾车马是你能够想象到的最美丽的斑灰色。”

“美丽的某某夫人已开始有点衰老了，已是四十五岁的年龄，头发竟梳成那样的式样！”

“年轻的某某小姐戴着她不在意的金刚钻——你是要说她有很多钱？——不，不。——你在哪里看见她的？——在《失而复得的阿勒根的孩子》戏中，‘失望’那一幕那种表演是从前所未曾有过的。”

“芬奇戏院的波里契纳歌喉不错，但是一点也不细腻，一点也不动人。”

“某某夫人一胎产下了两个孩子。每个父亲都得到自己的……”

难道你相信每天说着，反复地说着、听着这些话，会使人奋发去做出伟大的事情来吗？

我： 不会的！还不如把自己关在顶楼里，喝着白开水，啃着干面包，搜索着自己的灵魂更好些。

他：也许是的，可是我没有那样做的勇气，难道要为不一定的成功牺牲自己的幸福吗？还有冠在我头上的姓名呢！拉摩！名字带着拉摩是很使人为难的，才能无法像贵族身份那样传下去，由祖父传给父亲，由父亲传给儿子，由儿子传给孙子，年代愈久愈有荣光，而祖先却并不要求他的子孙有什么功绩！从古老的血统中分流出来的后面是一群傻子，这有什么要紧呢？才能就不相同了，要想得到和他的父亲一样的声名，他就应当比父亲还要聪明些，他就应该继承父亲的素质。我不具备这个素质，但是我的手腕已变灵活了，道德的弓弦被频频弹弄，虽没有光荣，却有羹汤可吃。

我：处在你的地位，我就不会认为这是最终的结果，我会尝试一下。

他：你以为我没有尝试过吗？还没有到十五岁的时候，我就第一次对自己说：“拉摩！你这是怎么了？你在梦想吗，你梦想什么呢？你希望已做出来了或要做出来一些使全世界都赞美的作品。唔，是的，这不过是像吹口气动下手指那样简单，做一个笛子不过把芦管修理一下罢了。”年纪大些的时候我曾重复说过小孩时所说的话，今天我还在重复着它，然而我仍是停留在门农塑像的旁边。

我：门农塑像是什么意思？

他：这是多好理解的事，在门农塑像的四周，还有无数的其他塑像，同样地被日光照射着，可是只有他的塑像有意义的。有一个诗人，这就是伏尔泰，还有谁？伏尔泰；第三个呢，伏尔泰；第四个呢，伏尔泰。有一个音乐家，这就是加普亚的里纳尔多，是哈塞，是佩戈莱西，是阿尔贝蒂，是塔堤尼，是洛卡泰利，是特拉道格里亚，是我的叔叔，是貌既不扬又无风采的小杜尼。但是他却有感情，上帝啊，他的旋律有着如此美妙的感情，在这少数的门农旁边，其余的就都如同是镶在手杖一端上的装饰罢了。所以我们是贫困的，这样地贫困，简直成了一种仪式。唉，哲学家先生，穷苦是一件可怕的事情。我看见它蹲下来，张口来接从达那伊德大桶[①]上流出来的几滴冰水。我不知道它是否会使一个哲学家的心灵敏锐起来，可是它却可怕地冷却了一个诗人的大脑。

站在这个大桶底下人们是唱不好的，能够在那里找到个位置的还算是幸运的了，我到过那里，却没有在那里停下来。从前我就曾经做过一次这样的蠢事，我曾到波希米亚、德意志、瑞士、荷兰、佛兰德走过一趟，还有其他只有上帝才知道的地方。

我：在这个无底的大桶底下？

他：在这个无底的大桶底下，有一个富裕而好挥霍的犹太人，他喜爱音乐和我的傻气。按上帝的意思我弄弄音乐，我还扮

① 达那伊德，是神话中的人物；达那伊德大桶就是无底的桶。

扮丑角，我样样都会。我的犹太朋友是了解他的法律的人，有时在朋友们中间，常常是在陌生人中间，他非常严谨地遵守它。不过因为它惹出了一件麻烦事，我应该讲给你听，因为这是很有趣的。在乌特勒支有一个漂亮的妓女，他喜欢这个基督徒，他派了一个媒人带着很大数目的一张汇票去找她，这位奇怪的人物拒绝了他的馈赠，犹太人为了这事很失望。媒人对他说："你为什么为这事烦心呢？你想要跟一个美丽的女人睡觉吗，再容易不过的事，甚至要比你所追求的这一位更美——就是我的太太，我愿意用相同的价钱让给你。"说到做到，媒人拿着汇票，我的犹太朋友跟媒人的太太睡觉。汇票到期了，犹太人拒付这汇票，申明它是假的。于是开始诉讼。犹太人对自己说："这个人绝不敢说出在什么情况下他得到我这张汇票的，所以我决不付款。"在法庭中他质问这个媒人："这汇票你是从谁手中得到的？"——"从你的手中。"——"是为了还借你的款项吗？"——"不是。"——"为了你所供应的货物吗？"——"不是。"——"是为了酬劳吗？"——"不是，那些和这个事情毫无关系。我是它的所有人，是你签了字的。你就得付款。"——"我并没有签字。"——"难道我是伪造者吗？"——"可能是你，或者是你所代理的另外一个人。"——"我是一个下流人，可是你却是一个恶棍。相信我，不要逼人太甚了，我会把一切都说出来。我毁掉自己的名誉，可是我要让你倾家荡产。"犹太人根本不在意这个威胁。下次开庭，媒人把一切底细都坦白了出来。结果两人都有罪，犹太人被判偿付汇票的款子，这笔款子用来救济了穷人。于是我就和他分手了，我回到了这里来。我怎么办呢？我注定要穷困而死，也许还是得做点事儿。我心里想了各种各样的计划，有一天，我决定要加入某一地方剧团，那里无论是在舞台上或乐队中，不管好坏，我都可以同样地充充数的。第二天，我打算请人给我画一张在十字路口竖起来的木桩上钉着的那种画，我会站在那里尽力大叫起来："这就是他出生所在的城市，现在他和他的当药剂师的父亲告别了，他来到了首都，找寻他的叔叔，他跪在要把他赶走的叔叔跟前，他和一个犹太人一起，等等。"

第二天，我起床时就下了决心要跟街头艺人同甘共苦，去做一件并不是太坏的事，我们会在我叔叔的窗下开个音乐会，这一定会气得他要死的。可我决定了另一个主意。（这里他停下来，先是做出一个人捧着小提琴，挥动着胳膊来调整琴弦的姿态，接着又做出一个疲乏得要死的穷苦人的姿态，他的体力已不支，两腿在发抖，若再没人给他一块面包就会马上断气似的，他用一个手指指着半开的口，表示自己的急迫需要，然后他接着说）你知道，他们会扔给我们一些碎面包屑，我们这三四个饿鬼就争夺起来。请问，处在这样的绝境中，来想想你的伟大思想吧，去做你杰出的作品吧。

我： 这的确是很难的。

他：就这样东蹿西跳，我像个跳蚤似的终于落到华丽地毯的一角，那里对我来说就像个极乐世界。我又从那里出来了，现在我又得要再拉小提琴，回到用手指指着张开口的姿态了。世界太不安稳了，今天在轮子的顶上，明天就转到底下去了。可恶的命运引领着我们，并且引领得很坏。（然后他喝干了留在瓶底的一口酒，向他的邻人说）先生，请发发慈悲，给我一小撮吧。你那个鼻烟盒真是漂亮。你不会是一位音乐家吧？不！……那就更好了。因为他们全是可怜的穷光蛋，命运决定我是其中一个。可是也许在蒙马特，在一个磨坊里，有一个磨坊主，一个磨坊主的跟班，他不会听到磨声以外的任何声音，可他倒发明了最美丽的歌曲。拉摩，到磨坊去吧！到磨坊去，那里才是你所属的地方。

我：人们所致力的无论是什么事，都是自然让他这样决定的。

他：它犯下了些无法挽回的错误，就拿我来说，我没有在那样的高度去看，以致分不清一个用剪刀来修剪树木的人和一个吃叶子的毛毛虫，在那样高的地方的人们只看见两个不同的昆虫各尽自己的责任。你栖息在水星的旋转轨道上，在那里，如果你愿意可以模仿雷奥莫[①]把蝇类分为裁缝的蝇、测量的蝇和收割的蝇的办法，把人种划分成伐木匠、木匠、泥瓦匠、舞蹈家和歌唱家。这是你的事情，我不加干涉。我只留在我的世界里，我要停

① 雷奥莫（1683-1757），著名的博物学家。

留在这里。但是如果人有胃口是自然的事情——我常反复谈到胃口上来，谈到经常伴随着我的这种感觉——我想经常没有东西吃，自然的这个秩序可不好。这是什么鬼原则，有些人吃厌了一切东西，而其他的人也有像他们一样的胃口，像他一样会不断有饥饿袭来，但却没有东西放在牙齿底下。最坏的是穷困令我们采取了局促的姿态，贫穷的人并不像其他的人那样走路，或跳着，或匍匐着，或蠕动着，或爬行着，穷困的一生都在尽力表演最后形成了自己的姿态。

我：什么姿态？

他：去问问诺维尔[①]吧，社交界有比他的艺术所能模仿的多得多的姿态。

我：这样你不也是像用你的词句或者蒙田的诗句“停歇在水星的旋转轨道上”所形容的，静观着人类的各种各样的表演吗？

他：不，不，我跟你说，我是太笨重了，升不了那样高，我把缥缈的云雾空间让给了仙鹤，我痴守着地面。我向四周观望，我做我的姿态，或者我观察着他人所做的姿态来消遣时光。我是卓越的哑剧表演者，正如你已下了断语的。

（于是他开始笑起来，模拟着谄媚者、恳求者、献殷勤者的姿态：他右脚在前，左脚在后，弯下腰身，头抬起来，眼睛似乎注视着他人的眼睛，口微张开，胳膊向着某一对象伸出去；他

① 诺维尔，喜歌剧院的巴蕾舞师。

等待着命令，他接到了命令，他像箭似的跑开；他又回来，命令已很好地执行了；他报告经过情形。他注意着一切的事情；他捡起掉下来的东西；他把一个坐垫或一个踏脚凳放在某人的脚下；他端着一个茶托；他拉来一把椅子；他打开一扇门；他关起一个窗；他放下帐幔；他端详着主人和主妇；他站着不动，两臂垂下来；两腿并拢起来；他留神听着；他努力去察看脸色；然后他说：这就是我的哑剧，跟所有谄媚者、朝臣、仆人和乞丐的表现差不多。这个人的滑稽表演、加里阿尼院长的故事、拉伯雷的荒唐传奇，这是三个让我深思的仓库，我从那里取来可笑的面具，拿来放在最庄严的人物的脸孔上，我就把一个主教看作潘塔隆[①]，把一个会长看作半人半羊的森林神，把一个修士看作一口猪，把一个大臣看作一个鸵鸟，把他的秘书长看作一只鹅。）

我：（对这位朋友说）可是按照你的想法，这世界上的乞丐是很多的，并且据我所知，不熟悉你的舞蹈的步法的人，一个也没有。

他：你说得对，在全国中只有一个人是笔直走路的，那就是国王。所有其余的人都在装模作样。

我：国王吗？你还有什么要说的吗？难道你不信，他有可能在他的身旁有可爱的小脚、精致的辫子、小巧的鼻子时会做出一些哑剧来？任何人需要别人的时候，那就是贫穷的，也就会做出姿

① 潘塔隆，意大利喜剧中的人物，指老丑角。

态。国王在他的情妇和上帝面前做姿态，他表演他的哑剧步法。

大臣在国王面前做出弄臣、阿谀者、仆从或乞丐的步法。钻营者的一群在大臣面前，表演着你刚才的姿态，用了一百种的花样，每一种都比另一种更下贱些。高尚的院长穿着长袍和饰带也至少每星期一次在管理僧禄清册的官吏面前做姿态。告诉你，你所谓的乞丐的哑剧是全世界共同的舞蹈，每人都有他的小胡丝和他的贝尔廷的。

他：这就让我得到些安慰了。（但是当我说话的时候，他却在模仿我所提名的人物的姿态，简直笑死人。例如，作为卑微的院长，他把帽子挟在腋下，用左手捧着祈祷文，他右手拉起袍子的长裾，向前走着，头稍偏在一边肩上，眼睛朝下看，把这个伪善者模仿得这样“出神入化”，简直就像《驳议》的作者[①]在奥里昂主教的面前一样。当我说到阿谀者和钻营者的时候，他俯伏在地上，完全就是波勒在总检察官面前的样子。）

我：（对他说）真是非常精彩的表演。可是仍然有一种人是不需要做哑剧的，这就是什么也没有而且什么也不需要的哲学家。

他：这样的动物在哪里呢？如果他什么也没有，他一定会受苦，如果他什么也不乞求，他就什么也不会得到，他就会永远受苦了。

我：不，第欧根尼就嘲弄一切需要。

① 指《对近代各种作品的分析和驳议》的作者高夏院长。

他：可是他得要穿衣服。

我：不，他一丝不挂地走着。

他：雅典有时是很冷的。

我：比这里好点。

他：也是要吃东西的。

我：当然。

他：花谁的呢？

我：花费自然的。野蛮人要求谁照顾呢？他只需要土地、动物、鱼、树木、野草、树根、溪水。

他：糟糕的食物。

我：却是很丰富的。

他：但是没被很好地服侍。

我：但我们却抛掉这些，只吃我们自己的食物。

他：但你应该承认，我们的厨师、制糕饼者、烤肉者、供膳者、制糖食者都贡献了自己的一分才能。你的第欧根尼既然吃了这样简陋的食物，他一定不会有个顽强的器官吧。

我：你错了。从前犬儒派就像我们现在的修士一样，受着同样的尊敬。犬儒派就是雅典的圣衣院修士和方济各修士。

他：这里我可让你无话可说！第欧根尼也一定表演哑剧的，如果不是在伯里克利面前，至少是在拉依丝或芙里尼[①]面前。

① 拉依丝和芙里尼，古希腊以才艺和美貌出名的两个妓女的名字。

我：你又错了，别人用很贵的价钱才得到的妓女，都会为了欢乐自愿来到他身边。

他：如果恰巧碰到妓女忙于客人而他又迫不及待的时候呢?

我：他就会到他的大桶里去，放弃她。

他：你希望我效仿他吗?

我：如果这个不胜过卑躬屈节和自轻自贱，就让我死掉吧。

他：可是我需要一张好的床，好的食物，冬天有温暖的衣服，夏天有凉爽的衣服，休息、钱和许多其他的东西，我宁可受别人的恩惠，也不愿用自己的劳动去获得它们。

我：这因为你是一个懒汉、一个贪食者、一个懦夫、一个卑鄙的人。

他：我相信这些都是我告诉你的。

我：当然，人世间的好东西自有它们的价值，可是为了获得它们你所付出的代价，你却全然不知。你现在还在演着曾经演过的也将继续演下去的下流的哑剧。

他：这是真的。可是没让我花费太多，而现在我已再也不用为它破费了。就是为了这个缘故，我觉得采取另外一种使我劳累而且我不会长久保持的步伐，将是很不幸的。可是，从你所告诉我的来看，我知道我的可怜的小女人是所谓的一种哲学家。她有着狮子般的勇气，有时候我们没有面包，口袋里一文钱也没有，我们几乎把所有值点钱的小东西全卖了。这时我就横在床脚，在那里绞尽脑汁，去想看谁可以借出一个银币，当然我是不会再还给他的。而她却像金丝雀一般的快活，坐在大键琴前面，一边唱着一边给自己伴奏。她有夜莺一般的歌喉，我很可惜你没有听过她歌唱。当我参加任何音乐会演奏的时候，我就把她带去。

在路上我对她说："来吧，太太，让人们赞赏你吧，把你的才能和魅力施展出来吧。把他们迷住，令他们颠倒吧。"我们到了音乐会，她歌唱，她把人们迷住了，令人们颠倒了。哎呀！结果我就失去了她，可怜的小宝贝。除了才能，她有甚至容纳不下一个小手指的樱桃口，牙齿如一排贝壳；令人神魂颠倒的眼睛、脚、皮肤、脸颊、胸脯，像鹿一样的小腿，适合做模特的大腿和臀部。迟早她会至少把一个田赋包收人弄到手的。怎样的体态！怎样的臀部，唉，上帝啊，怎样的臀部！（于是他开始模仿他太太走路的姿势，他小步地走着，他把头高高地扬起，他挥舞着扇子，他扭动着他的臀部，这是对于我们的卖弄风情的小女郎的最有趣又最可笑的漫画。然后又拾起他的谈话的线索，他继续说）我带着她到各处散步去，到杜伊勒里公园去，到皇宫花园去，到林荫大道去，我是不可能保住她的。

当她在早晨不戴帽子，穿着短裙，穿过大街的时候，你会停下来看她，你用两个手掌来围抱她也不会把她握紧的。那些跟着她的人，看着她可爱的小脚快步地走着。他们都加快了脚步，她会让他们走到跟前来，于是她敏捷地回过头，用她的一双又黑又亮的大眼睛瞅着他们，使他们猛地停下来，她的正面和背面是一样的美观。可我啊，我已经失掉了她，我的一切发财的希望也都完全随她消逝了。我只是为了这个目的才娶了她，我把我的计划都透露给她了。她是太聪明了，不会不认识到这些计划的必定成功的把握，再思考一番，不会不赞同这些计划的。（于是他呜咽起来，哭着说）不，不，失掉了她，没有任何东西可以安慰我了。从那时起我就戴起了教士的小帽和饰带了。

我：因为悲痛吗？

他：你愿意这样想也可以。事实是为了把我的碗举在头上……但是请看看现在几点了，因为我得到歌剧院去。

我：今天演什么剧？

他：杜维尼的作品。他音乐中有相当美的东西，可惜他不知道第一个把它们说出来。在这些已故的人们当中，永远有一些人是让活着的人们苦恼的。这有什么办法呢？现世是前世的惩罚。但现在已经是五点半了，我听见钟声响了，那是让卡纳伊院长做晚祷的，也是呼唤我的钟声。再会吧，哲学家先生。我永远都不会改变的，难道不是真的吗？

我：唉，是的，真是不幸。

他：但愿我再经历四十年这种不幸吧。笑得长久才是真正的赢家。

达朗贝尔和狄德罗的谈话

达朗贝尔[①]**：**我承认，让人们很难接受一个实体[②]，它存在于某个地方，但却不占有空间任何一点；更不能接受一个实体，它是没有体积的，又占有体积，而且在这个体积的每一个部分里都是完整的，没有物质所具有的任何性质，而又与物质联合为一体，跟在物质后面推动物质；自身又不动，影响物质，而又不受物质的一切变迁的影响。这样一个我们对它几乎毫无观念的实体，一个具有这样矛盾性质的实体，实在是难以接受的。那些否定这个实体的人也有一些需要解决的难题，简而言之，你若认为对这种实体的感受性是物质的一种普遍的和基本的性质，那么石头就应当有感觉了。

狄德罗：为什么石头就没有感觉呢？

达朗贝尔：因为是无法让人理解的。

狄德罗：是的，在劈它、刻它、磨它而又听不见它哭喊的人

① 达朗贝尔（1717–1783），法国著名的物理学家、数学家和天文学家，曾与狄德罗合作编纂《百科全书》。

② 指上帝。

看来，是难以置信的。

达朗贝尔：我很希望你告诉我，你认为人和雕像、大理石和肉的差别是什么。

狄德罗：差别很小。人们用肉来造大理石，也用大理石来造肉。

达朗贝尔：但是肉不是大理石，大理石也不是肉。

狄德罗：这就像你称之为实在力的那个东西不是死力一样。

达朗贝尔：我不懂你的意思。

狄德罗：我来解释一下。一个物体从一个地方移到另一个地方并不是运动，这只是运动的结果。在移动的物体和不动的物体中间是同样有运动的。

达朗贝尔：这种看法是很新鲜的。

狄德罗：这种看法是完全符合实际的。你把妨碍物体移动位置的障碍除掉，它就会移动了。你突然把这棵大橡树周围的空气抽走，树干里所含的水便会立刻膨胀起来往外流，把树干裂成千万片。你的身体也会这样。

达朗贝尔：也许是这样的。不过运动与感受性之间有什么关系呢？是不是由于偶然的原因，你承认了一种活泼的感受性和一种迟钝的感受性，就像有一种活力和一种死力一样？一种活力的表现是移动，一种死力的表现是压力，一种活泼的感受性表现在动物的某些显著的活动上，这些活动也许植物也是有的，而一种迟钝的感受性，则可以由向活跃的感受性过渡中而得到肯定。

狄德罗： 太好了，你说得太对了。

达朗贝尔： 那么雕像就只有一种迟钝的感受性，而人、动物，也许也包括植物在内，则天生具有一种活跃的感受性。

狄德罗： 毫无疑问大理石块和肌肉组织之间是有这种差别的，不过你也很明白这并不是唯一的差别。

达朗贝尔： 这是毋庸置疑的。人和雕像的外形虽有相似之处，它们的内部组织却是完全不同的，最高明的雕刻家的刀子也造不出皮肤来。但是使一种死力过渡到活力的状态是非常简单的，这是一个每天在我们眼前不断重演的经验，可是我就不大知道怎样使一个物体从迟钝感受性的状态过渡到活跃感受性的状态去。

狄德罗： 只是你不想知道罢了，这是一个同样普通的现象。

达朗贝尔： 那么这种同样普通的现象是什么呢？你愿意告诉我吗？

狄德罗： 我就告诉你，因为你要以这种现象为耻的。每当你吃东西的时候，就发生这种现象了。

达朗贝尔： 每当我吃东西的时候？

狄德罗： 是的，因为在吃东西的时候，你在干什么？你是在除去那些妨碍食物的活跃感受性的障碍。你把食物与你同化了，你把它变成肉了，你使它动物化了，你使它具有感觉了，你对食物所做的事，我高兴的时候就会对大理石去做。

达朗贝尔：怎样做呢？

狄德罗：怎样做？让它变成能吃的就可以了。

达朗贝尔：吃大理石吗？这可不是件容易的事。

狄德罗：让我告诉你如何做到，我把你正在看的这个雕像拿来，我把它放在一个石臼里，用杵使劲捣……

达朗贝尔：且慢，这是法尔可内[①]的杰作，如果是于约或一个别人的一件作品的话……

狄德罗：这跟法尔可内毫无关系，雕像是出了钱买来的，法尔可内并不重视现在人对他的尊敬，更是毫不在意将来人对他的尊敬。

达朗贝尔：来吧，你把它捣成粉吧。

狄德罗：等大理石块捣成了极细极细的粉末，我就把这种粉末与粪土或腐殖土混合在一起，我把它搅和得非常均匀，我给这团混合物浇上水，我等它腐烂，等一年，两年，一百年，时间我是不在乎的。等到这团混合物变成了一团几乎同质的物质，变成粪土时，你想我怎么办？

达朗贝尔：我不相信你会吃粪土。

狄德罗：我不吃，可是在粪土与我之间，有一种联系的、结合的中介，有一种latus，像化学家所要告诉你的那样。

达朗贝尔：这种latus就是植物吗？

---

① 法尔可内（1716–1791），著名雕刻家。

狄德罗：完全正确。我在粪土里种上豌豆、蚕豆、白菜和一些别的蔬菜。植物从土里吸收养料，我便从植物里吸收养料。

达朗贝尔：不管对错吧，我是喜欢这种从大理石到粪土、从粪土到植物界、从植物界到动物界、到肌肉的过渡的。

狄德罗：于是我用肉体，或者像我女儿说的那样，用灵魂造成了一种有活跃的感觉的物质，如果我没有解决你向我提出的问题，至少是接近解决的，因为你会向我承认，一块大理石与一个有感觉的生物的距离，要比一个有感觉的生物与一个有思想的生物的距离大得多。

达朗贝尔：我同意这一点。不过尽管如此，有感觉的生物究竟还不就是有思想的生物。

狄德罗：在加深讨论以前，请允许我先给你讲一个欧洲最大的几何学家的故事。这个奇妙的生物起初是个什么东西呢？是个虚无。

达朗贝尔：虚无！无中不能生有。

狄德罗：你太拘泥于字义了。我的意思是说，在他的母亲——那位美丽的、有罪的修女邓珊[①]成年以前，在那位军人拉·都斯成为青年以前，那些将要形成我所说的几何学家的最初根苗的分子，是分撒在这两个年弱的机体里面，随着淋巴液分泌出来，随着血液循环着，直到最后才奔赴它们准备结集的场

① 邓珊，达朗贝尔的生母。

所——他父亲的睾丸和他母亲的卵巢里。于是这个稀有的种子便形成了，于是像大家所知道的那样，这个种子便经过喇叭管进入子宫，于是有一根长长的管子把它连在子宫上，然后逐步长大，达到胚胎的状态。最后它离开这个黑暗牢狱的时刻来到了。他出世了，被抛弃在圣·让-勒·隆德教堂的阶石上了，他便是因这个教堂而得名的[①]，接着他被人从育婴院里领走了，那位善良的玻璃店女掌柜鲁索太太收养了他。他吃着奶，身体和智力都长大了，成了文学家、机械学家、几何学家。这是怎样造成的呢？是由食物和另外一些纯粹机械的作用造成的。这是按照一条四句话的一般公式：吃，消化，吸收养料，长大成人。谁要想向科学院提供一个人或一个动物逐渐形成的情况，最明智的方法就是用物质的因素来说明，这些物质因素逐步产生的结果便是一个迟钝的生物，一个有感觉的生物，一个有思想的生物，一个解决了岁差问题的生物，一个卓越的生物，一个奇妙的生物，一个会衰老、萎弱、死去、消解而化为腐土的生物。

达朗贝尔：那么你不相信有预先存在的种子吗？

狄德罗：不相信。

达朗贝尔：啊！你真使我高兴！

狄德罗：这是违反经验和理性的，说它违反经验，是因为人

① 达朗贝尔是被抛弃的私生子，因为人们在圣·让-勒·隆德教堂（St.Jean le Rond）阶前拾到了他，所以用这个教堂的名字给他命名。

们想在卵和大多数一定年龄以前的动物里面寻找这类种子是徒然的。说它违反理性，是因为理性告诉我们，物质在理智中虽然可以无穷地加以分割，但在自然是有最后分割限度的，是因为理性不会去这样设想，有一只完全成形的象在一个原子里，而在这个原子里又有另一只完全成形的象，这样下去，直到无穷。

达朗贝尔：可是如果没有这些预先存在的种子，动物的第一代又怎么解释呢？

狄德罗：如果是先有蛋后有鸡还是先有鸡后有蛋这个问题使你感到困难，那是因为你早就认为动物原来就是这个样子。这多傻啊！人们不知道动物将来的样子，也同样不知道动物过去的样子。在污泥中活动的小到看不见的蠕虫，也许正走在变成大动物的路上，大得使我们吃惊的巨大动物，也许在走向蠕虫的状态，所有的一切都是这座行星上的一种特殊的暂时产物。

达朗贝尔：你可以解释下吗？

狄德罗：是这样的……可是这样就使我们离开前面讨论的问题了。

达朗贝尔：这有什么关系呢？我们可以回到前面的问题上去，也可以不回去。

狄德罗：你允许我把时间提前千万年吗？

达朗贝尔：为什么不可以？对于自然，时间根本不算什么。

狄德罗：你同意我把我们的太阳熄灭掉吗？

达朗贝尔：更不在乎，反正太阳不是第一个熄灭的。

狄德罗：太阳熄灭了，会产生什么结果呢？植物就会死光了，动物也会死光了，于是地球就是一片沉寂。你再把这个星球点燃，就立刻恢复了产生无数新世代所必要的原因，在这些世代中，我是不敢肯定千百年后我们今天的植物和动物是否会再产生出来的。

达朗贝尔：为什么那些同样的分散的因素重新结合起来就不会造成同样的结果呢？

狄德罗：因为自然中一切都是相联系的，一个人如果假定一种新的现象或者恢复过去的一刹那，就已是重新创造一个新的世界。

达朗贝尔：深刻的思想家是不会否认这个的。不过我们还是回到人吧，因为万物的主宰要求人存在，你应该还记得，你是在讲到由有感觉的生物过渡到有思想的生物那个地方停下来的。

狄德罗：我想起来了。

达朗贝尔：老实说，要是你给我解决了这个过渡问题，我是非常感激你的，对于思想我是迫切的。

狄德罗：即使我没有把这个问题弄清楚，对于一连串不容置疑的事实又会有什么妨害呢？

达朗贝尔：是的，要不是我们在那里就打住了的话。

狄德罗：为了继续我们的话题，我们是不是可以造出一种具有互相矛盾属性的因子，造出一个没有意义的、不可理解的字来呢？

达朗贝尔：不可以。

狄德罗：你能不能告诉我，存在对一个有感觉的生物来说是什么东西呢？

达朗贝尔：就是它从开始思考到想到这个问题的时刻为止的自我意识。

狄德罗：这个意识是建立在什么东西上面的？

达朗贝尔：是建立在对它的行动的记忆上面。

狄德罗：如果没有这个记忆呢？

达朗贝尔：如果没有这个记忆，它就根本没有自我了，因为它如果只是在获得印象的时刻感到自己的存在，就会根本没有生命史。它的生命就将是一些没联系的感觉的一个断断续续的系列。

狄德罗：很对。那么记忆又是什么东西呢？是从哪里产生的呢？

达朗贝尔：是从某个机体里产生的，这个机体长大、衰弱，最后在某个时候完全消失掉。

狄德罗：那么，如果一个有感觉并且有适于记忆的机体的生物，把它所得到的那些印象联系起来，凭着这个联系形成一个专属它的生命史的故事，获得它的自我意识，它就可以做否定、肯定、推论、思索了。

达朗贝尔：我想是这样的，现在我只剩下一个困难了。

狄德罗：不，你还有许多困难。

达朗贝尔：先说一个主要的困难，就是我觉得我们只能在一个时候思想一件事，而要形成一个命题——我不是说那些包含千万个观念的巨大的推理过程，而是说一个简单的命题，有些人说，形成一个命题至少需要两件事同时出现，只有理智才会注意到对象，而理智在注意这个对象时还要判断它是否具有所认为的那种性质。

狄德罗：我也这样想，这种想法有时使我把我们器官的纤维比作一些有感觉的振动的弦。这些弦在我们弹后要震荡、回响好久。就是这种震荡，这种必然的回响，在保持对象的持续呈现，同时理智正在注意适合这个对象的性质。但是振动的弦还有另一种特性，就是使别的弦也振动起来。于是，第一个观念唤起第二个观念，这两个观念又唤起第三个，这三个合起来又唤起第四个，这样一直下去，哲学家静静地暗中沉思默想时心中所唤起、所联想到的那些观念也就没了限度。这个乐器有一些惊人的跳跃，一个被唤起的观念，有时会使一个离它远到不可思议的和弦振动起来。如果在无生命的、分离的发音弦之间可以看到这种现象，在那些活泼的、相连的原子之间，在那些连续的、有感觉的纤维之间，怎样不会有这种现象呢？

达朗贝尔：这个看法即使不正确，至少也是非常聪明的。不过人们会以为你不知不觉地陷入你想避免的那种困难里去了。

狄德罗：什么困难？

达朗贝尔：你想避免分析两种实体[①]。

狄德罗：我不否认。

达朗贝尔：如果你仔细看一下，你就要把哲学家的理智做成一个与乐器不同的东西，做成了一种音乐家，这个音乐家倾听着那些振动的弦，判断它们谐调或不谐调。

狄德罗：我可能没有表达清楚，如果你考虑过哲学家乐器与钢琴乐器是有分别的，也许你就不反驳我了。哲学家乐器是有感觉的，他同时既是音乐家也是乐器。作为一个有感觉的东西，他对于他所发出的声音有当下的意识，作为一个动物，他有对这个声音的记忆。这种有机的能力可以把自己内部的那些声音联系起来，也形成了一种旋律并将其保存下来。如果假定钢琴有感受性和记忆，请告诉我，它会不会重弹出来你在它键盘上所弹出来的曲调？我们就是赋有感受性和记忆的乐器。我们的感官就是键盘，我们身处其中的自然在弹它，它自己也常常弹自己，按我的想法，这就是一架你我共有的同样结构的钢琴中所发生的一切。首先是有一个印象，它的原因是在乐器的内部或外部，然后有一个感觉从这个印象中产生，并且持续一段时间，因为我们无法想象感觉是在一个不可分的瞬间产生和消灭的，然后又有另一个印象随之而来，它的原因也同样是在动物的内部和外部，然后又有第二个感觉和一些声音出现，用一些自然的声音或约定的声音表

① 指物质和精神。

示出它们。

达朗贝尔：我明白了，按这个逻辑，如果这个有感觉和生命的钢琴还拥有吃东西和生殖的能力，它就会生活下去，就会由自己或者和它的雌钢琴生出一些活的和发音的小钢琴来。

狄德罗：这是确定无疑的。依你看来，这岂不就是一只金丝雀，一只黄莺，一个音乐家，一个人吗？你发现黄雀和教黄雀唱歌的手风琴之间有什么别的不同呢？你看见这个蛋了吗？我们用这个蛋推翻了地球上的一切神学派别和宏伟的神庙。这个蛋是什么呢？在生命的种子进来以前，是一块没有感觉的东西；在种子进来以后，又是个什么呢？还是一块没有感觉的东西，因为这个种子本身也只是一种静寂的、粗糙的液体。这块东西是怎样过渡到另一种组织，过渡到感受性，过渡到生命的呢？依靠温度。什么东西会产生温度呢？运动。运动的一连串的结果将是什么呢？请不要说话，你坐下，我们用眼睛一步一步紧盯着看。起初是一个震荡的点，然后长出一根有颜色的细丝，然后形成了肉，然后出现了喙，翅膀尖儿，两只眼睛，两只脚爪，有一团黄黄的物质环绕着，里面是内脏，这就是一个动物。这个动物动了，明显地活动了，它叫了，我隔着蛋壳听见它的叫声，它长出绒毛，它已可以看了。它摇摆着的头的重量使它的喙不断地啄它的牢狱的内壁，狱壁破碎了，它出来了，它走，它飞，它发怒，它逃走，它靠近过来，它哀鸣，它痛苦，它爱，它想，它享受，它有你的一切感情，你的一切动作它都做。这时你会跟笛卡儿一样，主张这是一架纯粹的模仿机器？这时你就得到小孩的讥笑还有哲学家们的反驳，如果这是一架机器，你无疑就是另一架机器。如果你承认动物与你之间只有机体组织上的差异，那你就表明了自己是有意识和理性的，那你就是正直的，可是人家会从这里面得出一条结论来反对你，他们会说用一种按一定方式构成的静寂的物质，浸染上另一种静寂的物质，加上温度和运动，就得出感受性、生命、记忆、意识、欲望、思想。你只能主张以下两种说法中的一种：或者想象蛋的静寂块体中有一个隐藏的因子，等待发展来预告它的存在，或者假定这个看不出的因子是在发展到一定的时刻穿过蛋壳钻入蛋中的。可是这个因子是什么东西呢？它占据空间还是不占据空间？它本身并不动，是通过什么方式进来的？它在什么地方？它在那里或别的地方做些什么？它是不是因为需要才创造出来的？它以前存在吗？它希望有一个住所吗？如果它是同质的，那么它就是物质的；如果它是异质的，我们就既不能设想它在发展以前的静寂状态，也不能设想它发展成动物时的活泼状态了。你这样一想，就会怜悯你自己了，因为你会感觉到，要想不接受一个可以说明一切的简单假定，不接受感受性这个物质所具有的一般特性或机体组织的产物，你就是抛弃常识，就是将自己置于神秘、矛盾和荒谬的深渊中了。

达朗贝尔：一个假定！这是你爱用的说法。可是如果这是一种在本质上与物质不相容的性质呢？

狄德罗： 你怎么知道感受性在本质上与物质不相容？你并不知道任何东西的本质，既不知道物质的本质，也不知道感受性的本质！对于运动的本性、运动在一个物体中的存在、运动从一个物体到另一个物体的传递难道你完全清楚吗？

达朗贝尔： 我虽然没有想到感受性的本质，也没有想到物质的本性，可是我知道感受性是一种简单的、单一的、不可分的性质，是与一个可分的主体或基质不相容的。

狄德罗： 这是形而上学、神学的自说自话！怎么？难道你不知道物质所具有的一切性质、一切可以感觉的形式在本质上都是不可分的？不会有些会多些，有些会少些。一个圆的物体的一半是有的，但是"圆"的一半是没有的；具有或多或少的运动的东西是有的，但是较多的和较少的"运动"是没有的；一个脑袋，一只耳朵，一个手指是没有一半，没有三分之一，没有四分之一的，一个思想也没有一半、三分之一、四分之一。如果宇宙中没有一个分子和另一个分子相像，一个分子中没有一个点和另一个点相像，你就要承认原子也应有着一个不可分的性质，一个不可分的形式，你就应当承认分割是与形式的本质不相容的，因为分割破坏了形式的本质。如果你是一个物理学家，当你看到一个结果产生时，你就应当承认结果的产生，虽然你并不能说明原因与结果的联系。如果你是一个逻辑学家，你就不应当放弃一个存在的、可以说明一切的原因，去提出另一个不可理解的、与结果的产生更难理解的、造成无数困难而解决不了任何困难的原因。

达朗贝尔：如果我认为不是这个原因呢？

狄德罗：在宇宙中，在人身上，在动物身上，只有一个实体。手风琴是木头做的，人是肉做的，黄雀是肉做的，音乐家是一种结构不同的肉做的，可是大家都有着同一的来源，同一的构造，同一的机能和同一的目的。

达朗贝尔：你怎样解释两架钢琴之间建立起声音一致的呢？

狄德罗：如果一个动物是一件有感觉的乐器，和另一件乐器完全相像，拥有同样的构造，绷着同样的弦，以同样的方式由快乐、痛苦、饥饿、口渴、疼痛、爱慕、恐怖弹奏着，那么，不管在北极还是在赤道上，它是不可能发出不同的声音来的。你也可以发现，在所有的死语言和活语言中，感叹词几乎都是一样的。我们应当从需要中、从相似中引出约定的声音的来源。有感觉的乐器或动物体验到，发出了什么声音就有什么结果随之发生，其他和它相似的有感觉的乐器或别的同类动物就会走近，跑掉，向它要求，给它什么，伤害它，爱抚它，这些结果在它和其他动物的记忆里是与这些声音的发出联系在一起的，注意，在人们的交往中，有的只是声音和动作。为了让你清楚我的体系的力量，请你再注意，它所遇到的困难，就是贝克莱[①]提出来反对物质存在

① 贝克莱，英国经验论的主要代表之一。

的那个无法克服的困难。在一个疯狂的时刻，有感觉的钢琴曾以为自己是世界上存在的唯一的钢琴，宇宙的全部和谐都发生在它身上。

达朗贝尔：关于这一点要谈的还是很多的。

狄德罗：确实。

达朗贝尔：例如，根据你的体系，就无法理解我们的三段论法是如何构建的，怎样做出结论的。

狄德罗：这是因为我们并不做出结论，结论都是自然做出来的。我们所做的不过是给那些相连的现象一个表述，这些现象的联系或者是必然的，或者是偶然的，我们是凭着经验而认识这些现象的，在数学、物理学和其他严格的科学里，是必然的现象；在道德学、政治学和其他猜测的科学里，是偶然的现象。

达朗贝尔：是不是现象联系的必然性在一种情况之下比在另一种情况之下小一些呢？

狄德罗：不是的，不过原因会受到太多不确定性的影响，我们不知道这些不确定性，因而不能正确地估计随之而来的结果。我们说一个暴躁的人挨了骂一定发怒和说一个物体如果碰了一个较小的物体一定使那小物体运动，这两个“一定”并不是相同的。

达朗贝尔：那么类比法呢？

狄德罗：类比法只是在复杂情况下在有感觉的乐器里使用的一种比较法。如果某种已知其本性的现象后面跟随着另一种已知其本性的现象，而又有一个第三种现象，这种现象或者是自然所给予的，或者是模仿自然想象出来的，那么，随着这第三种现象出现的第四种现象将是什么呢？如果一个普通战士的矛有一丈长，那么阿喀琉斯①的矛将是多长呢？如果我能投掷一块四磅重的石头，迪奥梅德②就该搬得动岩石的四分之一了。神的步伐和神的马匹的一跃，在人的想象中跟人的比例是一致的。动物是等待着一根与其他三根弦成比例的和弦发出回音，这种回音来自它本身，而并不在自然中产生。这一点对于诗人似乎不是太重要，但诗人觉得那是真实的。对于哲学家则是另一回事，哲学家要永远对自然发出问询，因为自然呈现给哲学家的一些现象，完全与他所推测的不同，只有这时他才会发现是类比法让他走错了路。

达朗贝尔：再见了，我的朋友，祝你有个好梦！

狄德罗：你开玩笑，你那舒适的枕头会让你梦到这次谈话的，在梦里如果你还没有想明白，那可是件糟糕的事情，因为你会不得不采纳一些可笑的离奇的假设。

达朗贝尔：你错了，我上床是个怀疑论者，下床还是个怀疑论者。

狄德罗：怀疑论者！一个人可以是怀疑论者吗？

达朗贝尔：为什么不可以？你打算替我断定我不是怀疑论

① 阿喀琉斯，希腊神话英雄。

② 迪奥梅德，传说中的马其顿国王。

者？难道你比我自己更清楚自己吗？

狄德罗：请稍等一下。

达朗贝尔：快点吧，因为我太想睡了。

狄德罗：我的话很短。对于一个有争执的问题，你是不是认为一个人拿着一根同样严格的理性尺度，对这个问题既可以赞成，又可以反对，徘徊在赞成与反对之间吗？

达朗贝尔：不是这样的，布里丹的驴子才是那样的[①]。

狄德罗：那就不存在怀疑论者，除了数学没有任何不确定的成分，其他的一切问题都是有赞成，也有反对的。天平从来就没真正平衡过，要想不偏向我们认为最接近真实的一边，是不可能的。

达朗贝尔：可是我早晨认为那接近真实的在我的右边，下午却认为它在我的左边。

狄德罗：这就是说，早晨你站在了赞成一面，下午你又站在了反对那方。

达朗贝尔：但是到了晚上，当我回想起我这些判断是如此轻率的时候，无论是早上的还是下午所做的判断都让我产生了怀疑。

狄德罗：这说明对于两种意见你不再想哪种占上风了，因为占上风的一个太微弱了，不足以奠定一个固定的看法，结果你也就不再去深究这个问题，把它让给别人去讨论，不去争辩了。

---

① 布里丹（1297–1358），经院派哲学家，曾经嘲笑怀疑论者是一个驴子，又饥、又渴，但是不知道先吃好还是先喝好，结果饥渴而死。

达朗贝尔：差不多是这样的。

狄德罗：但如果这时有个人拉你到一边，同你攀交情，问你凭良心说觉得这两种看法哪一个更接近于真实，说实话，你是不是觉得实在难以给出一个答案，结果你不就变成了布里丹的驴子吗？

达朗贝尔：我想不会。

狄德罗：请注意，我的朋友，如果你仔细想一想，你就会发现，对于什么事情，我们真正的看法都不是我们从来不动摇的那个看法，而是我们惯常回到的那个看法。

达朗贝尔：我想你说得有道理。

狄德罗：我也是这样想。晚上好，我的朋友，“请记得，你是始于尘土，终于尘土的”。

达朗贝尔：这是一个可悲的事实。

狄德罗：但这才是真实的。你答应给人这样一件东西——我不说长生不死，而只说双倍的寿命，你知道那是什么事情。

达朗贝尔：你说的会是什么事情呢？但是这对我有什么相干呢？随便好了。我要睡觉了，晚安！